世界経済はもっと荒れるぞ、そして超インフレだ

さわかみファンド創設者
澤上篤人
Atsuto Sawakami

はじめに

今年の3月に入って、世界の株価は急落に転じた。それも記録的な下げ幅で、棒下げを連発しだした。

ああ、これで金あまりによる株高バブルは終わる。このまま金あまりバブルが崩れていってくれたら、ようやく落ちついた投資ができる。そう喜んでいた。

そこへ新型コロナウイルス問題が襲ってきた。パンデミックとなって感染が世界中に広がっていった。死者は27万人を超えた。

各国は次々と感染防止策を強化していった。人々の移動制限から入国禁止、そしてロックダウンと呼ばれる都市封鎖にまで至った。人の動きがなくなり、お店の商売をはじめとして、日々の経済活動の大半が止まってしまった。

収入のベースを失ったり、自宅待機や解雇を宣告された人々が、世界各地であふれかえっている。景気減速どころか、経済の大幅な落ち込みは避けられない。

世界経済は1929年の大恐慌、そして30年代の世界恐慌に匹敵するほど大きなマイナス成長を予測する報道が相次いでいる。

株価も大きく水準を下げた後は、反発高しては売られるといった不安定な値動きを繰り返している。なにかあれば、さらに大きく下げても仕方ない。そういった神経質な展開に終始している。

＊　＊　＊

ここは、いっちょう書かなくては。この先どうなるのか、皆不安だろう。一刻も早く長期投資の方向性を示すべし。ことは急ぐ。そう思いたって、本書を一気に書き上げた。

方向性を示す？　そう、長期投資家の仲間となっていただいた方々に「いまなにをやるべきか」の判断を下し、一刻も早く行動に移していってもらうためにも。

われわれ長期投資家は、「いつも、10年ぐらい先までをひとまとめにして考える」訓練を積んでいる。したがって、今回のパンデミック騒ぎでも、どう対処していくか、大まかな方向性は即座に立てられる。

そして、長期投資家として、いまやるべきことを淡々と行動に移していく。なにも慌てることはない。恐れることもない。

＊　＊　＊

では、どんな展開となっていくのだろうか。いついつといった時間の想定は、さすがにできない。おおよそ、こんな感じの展開になっていくだろうといった読みはできる。もちろん、長期投資家としての行動も、ちゅうちょしない。

まず、いま現在の第1段階だ。新型コロナウイルス問題は、いずれ収束に向かう。それがいつになるかは別として、5年も10年も続くことはない。

さすがに、感染が拡大している間はどうしようもない。世界経済の落ち込みは相当にきついものとなる。株価は企業業績の悪化をどんどん織り込んでいく。その過程で、折にふれて株価全般は派手に売られよう。

われわれ長期投資家としては、株価が大きく下げたところをボクシングでいうジャブを入れるように、小刻みに買っていこう。当分は軽め、軽めの買いで、すこしずつ買いのポジションを高めていくのだ。とにかく、売られたところは買っておこう。

状況が流動的だからとか、先行きが不透明だからといって、買いを見送ることはしない。こんな時ほど、企業を応援しようとする気概を、世の中にみせつけてやらなければ、長期投資家の名折れである。

次のステップとして、すこしずつ第2段階に入っていく。パンデミック騒ぎが沈静化してくるにつれて、世界各地で経済活動が戻ってくる。世界景気の回復も肌で感じるようになる。

それを待ちかねたようにして、株式はじめ大きく売り込まれてきたところが、反発高を演じはじめる。そして、しばらくするとバブルの様相を示しだす。

各国が人々の所得補償だ企業の収入減対策だといって、それこそ前例のない規模とスピードで予算投入を続けてきた。それらの大量に投入された資金は、世界各地で経済活動が回復軌道に乗ってくるにつれて、どんどん余剰マネーとなっていく。

行き場を失った余剰マネーが暴れだすのは、マネーの本性である。またぞろ、金あまりバブルとなっていくわけだ。昨年まで10年ほど膨れ上がった金融緩和バブルの再燃である。

ただ、今回のバブルは投入された資金の量が膨大だから、強烈な膨れ上がりをみせよう。しかし、乱高下の激しいものとなろう。その理由は、各国の財政悪化が相当に深刻化する。そこを、マーケットが突いてくるからだ。

パンデミック騒ぎで、日本をはじめ欧米はどこも緊急対策で大盤振る舞いをした。その結果、前代未聞の規模で財政支出を強行した帳尻合わせが、やっかいな問題として浮上してくる。それが、時として株価を大きく押し下げる。

再燃バブルの乱高下では、長期投資家は買いピッチを一段と上げたい。経済活動も平時に戻ってきて、企業間格差がはっきりしてきた。応援買いする企業のビジネス基盤はますます強まっている。下がったところでは、目一杯買っておこう。

そして、いよいよ第3段階だ。おそらくだが、再燃したバブルは2年ともたないだろう。どこかで、この3月のように株価が崩れだす。本書で詳しく書くが、リーマンショック後ずっと世界各国で深掘りしてきた金融緩和政策の限界からくる、ごく自然体の崩れである。

そこからだ、世界経済が本格的に荒れはじめるのは。パンデミック騒ぎも収まり、世界経済は急速に回復しだして、またぞろ金あまりバブルに沸き上がった。

その再燃バブルが崩れだしたのだ。このバブル崩壊では、毎度おなじみの評価損拡大・債務超過・企業倒産・不良債権・信用収縮といった問題が、一気に噴き出てくる。金融マーケットは大混乱するし、企業や金融機関の経営も大揺れする。

いざそうなっても、今度は政府も中央銀行もほとんど打つ手なしだ。パンデミック対策で、国家財政は相当に悪化している。国債の大量発行も続き、国の借金も積み上がっている。

中央銀行も空前の資金供給で財務は異常に肥大化してしまっている。そこへ、再燃バブルの崩壊で保有資産の評価損問題が浮上してきている。中央銀行の信用力低下が懸念材料となってくるのは必定。

このような状況下では、国や中央銀行でさえも再燃バブルの崩壊に巻き込まれて、のたうちまわることになる。そんなわけで、世界経済は大荒れとなる。株式市場もひどく売り込まれよう。

そういった展開と同時並行するか、すこし遅れるかは別として、各国の財政赤字問題や中央銀行の財務悪化をマーケットは攻撃しはじめる。当初は、それこそ警鐘を鳴らす程度だが、徐々に狂暴化していく。

そこが、長期投資家にとって最大かつ最後の買い場となる。株価の先行性もあるから、早め早めでどんどん買っていこう。

行きつく先は、金利上昇とインフレである。いま現時点において、インフレなど想像すらできないかもしれない。だが、インフレ到来はもう避けようがないと覚悟しよう。歴史に例のない大金融緩和政策を続けてきた。その当然の帰結だ。

インフレともなれば、われわれ長期投資家が応援したいと思う生活密着型の企業の株価は暴騰する。その横で、異常なる金融緩和政策で甘い経営をしてきた企業群は片っ端から消えていく。国の財政問題、中央銀行の財務悪化と信用低下、金利上昇とインフレ到来、ゾンビ企業の淘汰とで、経済や社会は大混乱をきたす。

それは世界経済の健全化に向けて避けては通れない道である。

その先にこそ、金融の時代とかで浮利を追いまわしてきた、この20年間とは、まったく違う世界が待っている。われわれ長期投資家が拠って立つところ、すなわち実体経済が主となった、経済活動の本来の姿だ。

ざっと、こんな流れである。「それって、澤上さんの唱える長期投資に都合の良すぎる読みじゃないの？」、そう思われるかもしれない。

悪いけど、逆である。

これまでの世界経済の運営が、おかしなものすぎた。経済合理性から、どんどん離れていっていた。そういった世の流れに対し、筋金入りの長期投資家としてずっと異を唱えてきただけのこと。

＊　＊　＊

ようやく、経済合理性の働きが表面化してきだしたぞと喜んだのが、この3月からの株価急落だった。われわれ長期投資家が待ちに待った展開である。

待ちに待った？　そう、この10年あまりの世界的な株高や商業用不動産市場の大ブームは、その大半が史上空前ともいわれる大量の資金供給によってもたらされたもの。いわば、バブル高である。

バブルは、しょせん風船のように膨れ上がっただけのもの。中身がない。それ故に、実体経済の健全なる発展に、どれだけ貢献するか知れたものではない。だから、一刻も早い金あまりバブルの崩壊を待っていたというわけだ。

そもそもからして、資金を大量供給すれば景気は良くなるとするのは、張りボテみたいな景気を演出するだけのこと。また、金利をゼロにして経済が動くわけがない。企業経営を弛緩させ、ゾンビ企業を大量に生みだすだけだ。

そんな金融緩和政策で企業の拡大投資が活発化し、経済は成長すると、先進国の指導層は信じてきたわけだ。米欧日など先進国の経済運営感覚は、どうみてもおかしい。現に、先進国の景気はそれほど伸びていない。各国の物価上昇も日銀が期待した2%インフレも、さっぱりみえてこないではないか。

一方、ありあまったマネーが集中した株式や商業用不動産市場では、大活況を超えてバブル化していった。金あまりバブルによる資産効果を享受した、高所得層など一部の人々には富が集中した。その横で、多くの国民の低所得化が進んだ。

こんな状態は絶対におかしい。一刻も早く通常の金利に戻し、経済の正常化を目指すべきである。そのためには、金あまりバブルが吹き飛んでくれた方がいいし、一時的にしろマーケットや経済の現場が大混乱に陥るのは覚悟しよう。

大混乱の中から、世界はまともな経済活動に立ち戻っていくしかない。マネタリズムだとかマネー至上主義に押しまくられるのではない、実体経済をベースに需要と供給が主体となった経済だ。

そう考えて、金あまりバブルの崩壊をずっと待っていたというわけ。当然のことながら、われわれの長期投資でも、金あまりバブルとは完全に一線を画した運用を貫いてきた。

いつ、金あまりバブルがはじけ、金利が急上昇しても驚かない。そういった運用に徹してきたわけだ。

＊　＊　＊

すごく荒れる？　たしかに、これから3年か長くても5年は、世界のマーケットも経済も激動が続こう。多くの人たちからすると、とても投資どころではないといいたくなるかもしれない。

われわれ長期投資家は逆である。激変期こそ、本格派の長期投資家の出番となる。

皆が逃げまくる時ほど、思う存分に真骨頂を発揮する場となる。

そもそもからしてマーケットが大きく下げたところを、しっかり買っておくなんて、長期投資家にしかできない芸当である。まわりが尻込みしたり、逃げだしたくなるようなところを、われわれは平然と買い出動する。

これは大変なことになったと、世の中が大騒ぎする。そういった状況が落ちついてみると、長期投資家は大きな投資収益を積み上げている。それをみて、世の一般投資家は地団駄ふむ。そのような図式を、これから幾度となく繰り返そう。

＊　＊　＊

もうひとつ、大事なことがある。国の財政が厳しくなり、インフレ到来ともなれば、一般生活者は大打撃を食らう。年金や医療保険は大丈夫だろうか、とかの不安が高まる。同時に、預貯金の目減りで悲惨なことになる。

特に日本の場合、なにも考えずに預貯金は安全と思い込んでいる人たちが大半である。そんな預貯金オンリーの人たちが、１９７０年代以来50年ぶりに本格的なインフレに遭遇するのだ。大きな痛手を被るのは眼にみえている。

その人たちにとっては、投資チャンスを逸したどころの騒ぎではない。虎の子の財産が大きく目減りするのだ。インフレの怖さを思い知る。

そうなってからでは遅い。せっかくの虎の子を大きく目減りさせてから、ようやく投資運用しましょうといっても、すでに元手が減っている。もはや投資どころではない。

後になって真っ青になるよりも、本書を読んでおわかりのように、いますぐにでも長期投資をはじめよう。昔から、インフレに対抗するには、お金をモノに換えておくことが鉄則である。

なかでも、世の中でなにがあっても消えてなくなりっこない企業の株主になっておくのは、きわめて有効かつ安全なインフレ対策である。インフレに乗れてしまうし、財産づくりもできていく。

とにかく、ひとりでも多くの一般生活者に、預貯金から長期投資へ踏み込んでもらいたい。後で必ず、長期投資していて良かったと思ってもらえる。

そう考えて、本書を急ぎ執筆した次第である。

目次

第1章

待ってましたの金融バブル崩壊と思いきや

第2章 金あまりで支えた経済は張りボテ細工でしかない

第3章 パンデミックの大騒ぎでみえてきたこと

第4章 一段とスケールアップしたバブルがやってくる

第5章

もうインフレへ直行するしかない

第6章 金融の時代が終わる時にわかる、恐ろしい現実

第7章 インフレの嵐を経て

第8章 実体経済の復権と、そこまでの生活防衛プラン

第9章 切り札は、なぜ「長期投資」なのか？

ブックデザイン　大場君人

第1章

待ってましたの金融バブル崩壊と思いきや

ようやく株価が崩れだした

2020年の3月に入ってからというもの、世界中の株式市場で急落が続いている。それも、記録的な棒下げを連発してだ。

当初は、バブル高してきた世界の株価だったが、ようやくスピード調整の売りが出てきたぞ、そんな程度の受け取られ方だった。それもあって、相場が大きく下げるや売り方の買い戻しなどで、すぐ反発高を繰り返していた。

ところが、あまりに株価暴落が連発するし、下げ幅もどんどん大きくなってきた。それで、反発高の勢いが急速に削がれていった。

NY株式市場でいうと、代表的な株価指標であるダウ工業30種平均株価は、2月12日に史上最高値2万9551ドル（終値）を記録した。そこをピークに平均株価は下落に転じ、3月中旬には2万ドルを割り込んできた。すさまじい下落スピードである。

その背景には、新型コロナウイルスの世界的な感染拡大がある。拡散を防ごうということで、人々の移動制限や各種イベントの自粛からはじまって、各国が入国禁止措置やら都市封鎖（ロックダウン）を講じるまでに事態は急悪化してきた。世界保健機関（ＷＨＯ）もパンデミック（世界的な大流行）と認定し、その撲滅に全力をあげている。

感染の深刻化にともなって、世界中あちこちで生産や供給ラインが寸断され、経済活動全般が停滞ないし空白状態になった。個人消費がガクンと落ち込み、世界の景気が急減速する懸念が日ごとに高まっている。

もうひとつは、世界が注目していた3月6日の「ＯＰＥＣプラス」会議が決裂したことだ。生産制限を続けて原油価格を維持しようとするはずの会議だったが、サウジアラビアとロシアとが対立したためとのこと。

会議の決裂で、サウジは4月から原油の大幅増産を発表した。それまで原油価格は1バレル40ドル台を辛うじて維持していた。それが、サウジの増産発表で一時は1バレル20ドル台をも割り込むまでに急落した。

年初には1バレル60ドル台にあった原油価格だ。その価格が3分の1にまで落ち込むのは、いかにコロナ問題による世界経済の落ち込みが深刻かを如実に物語っている。

株高バブルも、いよいよ終焉を迎えるぞ

新型コロナウイルスの問題によるパンデミック騒ぎで、世界の企業活動がスローダウンを余儀なくされている。そこへ原油価格の急落などで、各国の株式市場は歴史的な下げを、これでもかこれでもかと繰り返している。

NY株式市場では、3月16日にダウ工業30種平均が2997ドル安となった。その4日前の12日に、1日の下げ幅として過去最大を記録したばかりだった2352ドル安を、いとも簡単に塗り替えてしまった。

図表1に示すように、NY株式市場はすさまじいばかりの下げを連発している。この段階で、2月につけた史上最高値からは1カ月ほどで31%強もの下落となっている。

ダウ工業30種平均株価の下げ幅もすごいが、1日の下落率でいっても過去4番めの大きさとなった。1987年10月のブラックマンデーは別として、1929年の

図表１　米国株のすごい下げ

・株高を演出してきたトランプ政権だが、その成果（？）が吹き飛んでしまった
・週間下落率は 17％を超え、リーマンショック以来の大きな下げを記録

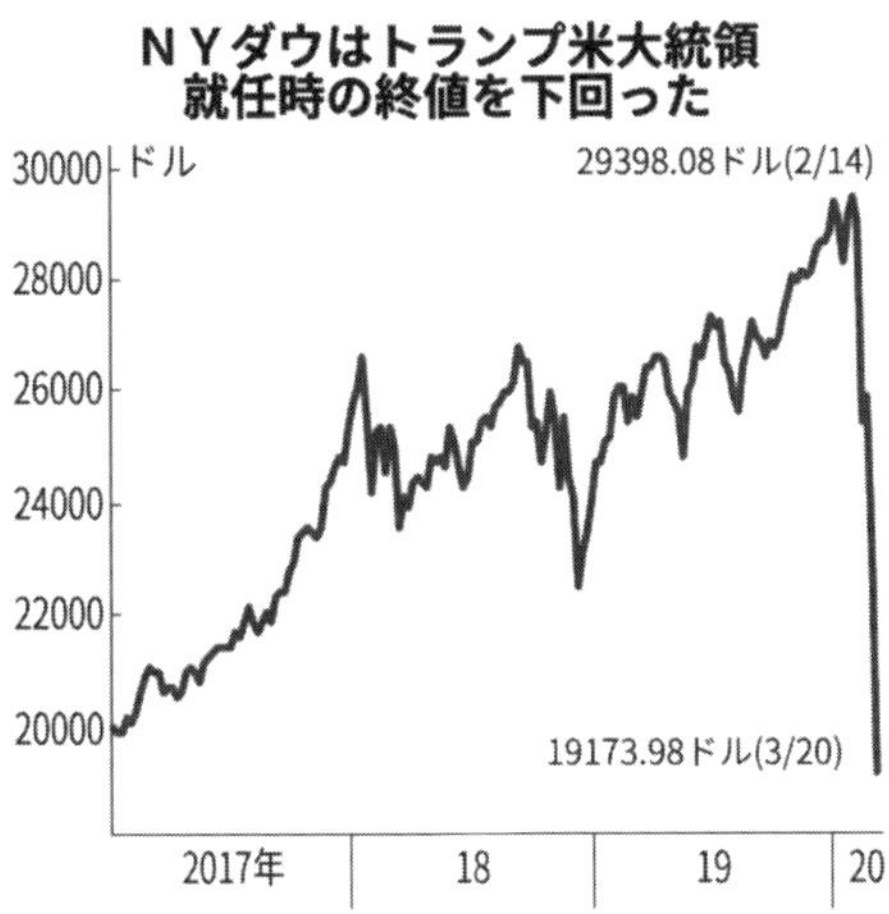

資料：日本経済新聞　2020 年３月21日

大恐慌に匹敵する強烈な下げ率となっている。

今回の株価暴落のすさまじさは、1日だけの棒下げで終わっていないところだろう。すごい下げが、これでもかこれでもかと襲ってきている。それも世界中の株式市場においてだ。

あまりに急激かつしつようような株価崩落をみて、米連邦準備理事会（FRB）は3月15日に、政策金利を1％の大幅利下げすると緊急発表した。金利や金融の正常化に向けて出口戦略に入っていたはずの米国だが、方針の変更を迫られた。4年前までのゼロ金利に戻したが、それでも株安には歯止めがかからない。

株価暴落を待ち望んでいたわけ

いつのバブルも同じで、バブルがはじけた後はこんなものである。その直前までの買いたい熱気は嘘のように消え去る。代わって、売りが売りを呼ぶ展開で、株価などの価格は一気に大崩れしていく。

それにしても、今回の株価下落は異常なほどの激しさをともなっている。それだけリーマンショック以降の株高バブルが強烈だったし、それを醸成してきた金あまり度合いが異常に大きかったわけだ。

ともあれ、これで株高バブルも終焉を迎えるぞ。経済の正常化へ向けて第一歩を踏みだせたぞ。そんな期待感が高まってきた。

株価暴落を期待するのか？　そうだ。世の中で株価下落を喜ぶ人なんて、まずいない。しかし、われわれ本格派の長期投資家からすれば、恐ろしく質の悪いバブル株高だった。こんなバブルは一刻も早く潰れてくれた方がいいと、前々から願っていた。

実際、さわかみファンドの運用でも、金あまりバブルと化した株高とは、ずっと一線を画してきた。目先の成績を捨ててでも、金あまり株価上昇には乗るまい、そういった判断を貫いてきた。

それほど、金あまりバブル現象はすさまじいものがあった。世界のマーケットのあちこちで、「行きすぎだよ」状態をつくりだしていた。第1章では、その行きすぎが、どれほどひどかったかをみていこう。

「金融の時代」バブル

2008年9月のリーマンショックで、米国やEUそして日本など先進国は史上空前といわれる金融緩和に走った。そして、中国は50兆円もの巨額資金の供給で国内企業を強力にテコ入れした。

それほどの危機感をもたらしたのが、世界的な金融バブル崩壊だった。もとはといえば、2000年のコンピューター誤作動問題、そして2001年の同時多発テロを受けて、世界の過剰流動性問題にブレーキがかからなくなってしまったことに端を発している。その落とし子みたいなのが、「金融の時代」である。

金融が経済活動全般をリードする時代ということで、2000年代に入ってからというもの、アングロ・サクソン流の市場主義が世界を席巻した。どんなものでも証券化すれば、市場で売買できる「商品」に仕立て上げられるという考え方だ。

証券化した「商品」を、市場で売買することによって価値を創造できる。そういった**金融商品を経済の主体としていこう。それが、2000年代に入って燃え広がっ**

た「金融の時代」バブルだった。

なんでも証券化すれば、市場で売買できて儲けられる、つまり富を生む。ということで、数式や金融工学を駆使して、あらゆるものを証券化商品に仕立て上げては金融マーケットで売買対象としていった。

実際はなんの価値もないものでも、「市場で値がついているから、価値はあるはずだ」で、どんどん売買されていく。そういった証券化商品が、金あまりで運用難に苦しんでいた世界中の銀行や年金など機関投資家からは大歓迎された。

金利が稼げる資産として、先進国中心に世界の主だった銀行が手当たり次第に買っていき、保有残高はみるみる積み上がっていった。彼らからすると、「これこれの利回りが期待できる金融商品を保有している」という感覚にすぎなかった。

ところがリーマンショックで、なんの実体もないものを買っていたと思い知らされた。その寸前までは運用の一環として保有していた証券化商品の大半が、一瞬にして不良資産と化した。

大手銀行や年金などが売るに売れない不良資産の山を抱え込んでしまったのだ。それも、恐ろしく巨額の不良資産と化した。

これは大変なことになった、金融恐慌から世界経済の崩壊にもつながりかねない。それで、欧米中心に各国政府や中央銀行は史上空前の資金供給に踏み切った。そして、政策金利もゼロ同然にまで引き下げた。

それが、現在の金あまりディーリング相場につながっているわけだ。

金あまりディーリング相場

リーマンショックから10年あまりが過ぎたが、世界の景気は思うほどには回復してこない。欧米各国は2％インフレを目指してきたものの、物価上昇は遅々としている。

その間、先進国中心に金融緩和をどんどん深掘りしてきた。気がついたら、米国・EU・日本の各中央銀行はリーマンショック前と比べて、バランスシートつまり財務を5倍近くにまで膨らませている。

米FRBや日銀など中央銀行の財務を5倍に膨らませたということは、それだけ巨額の資金が市中に供給されたことを意味する。その膨大な資金は、一体どこへ向かったのか？

中央銀行による資金供給は、金融機関から保有国債などを買い取る形で実施する。金融機関は資金繰りに余裕ができたので、不良債権の処理にあたれる。それでもって、金融不安の解消と信用収縮対策を進め、経済の現場がまわるようにする。

つまり、巨額の資金供給はトコロ天のように押されて、経済の現場へまわっていく。それが経済活動の活発化につながっていくはず。ところがリーマンショック後の世界経済は期待外れの展開になっていった。

米国はじめＥＵも日本も、経済活動はなかなか活気を取り戻さない。統計上は景気拡大が続いていることになっているが、それほどの実感はともなわない。ということは、巨額な資金供給が経済活動の活発化に大して役立っていないといえる。

そんな中、債券や株式市場それに商業用不動産ビジネスは大活況となっていった。**ゼロコストの資金がこれでもかこれでもかと供給されるから、債券・株式の価格や商業用の不動産価格はどんどん押し上げられていった。**

とりわけ、世界の株式市場のバブル化はすさまじかった。後から後から新規資金が流入してくる。

それに加えて、機関投資家のほとんどが短期の売買を重ねるディーリング運用で投資収益を稼ごうとする。巨額資金で買っては売り、買っては売りの売買を繰り返すから、株式市場は大活況となる。それが一層の株式投資を煽る展開となっていった。

株価はどんどん高値を追いかけていっている。それでも、後から後から買いが入ってくるから、安心して買える。相当な高値だと思いつつも、誰かが後からさらに上値を買ってくれるから、いつでも売れると信じて疑わない。

株価がどこまで上がるのかなど、どうでもいい。とにかく買えば、後からの買いで株価は押し上げられる。そこで売り抜けば、いくらでもディーリング益が得られる。ディーリング益を積み重ねていけば、運用成績の目標を達成できるということだ。

年金などを運用する機関投資家の間では、1980年代からすう勢的に短期売買が主体となってきている。毎年の成績でもって運用力が評価されることもあって、どんどんディーリング売買に傾斜していっている。

買えば上がる、上がるからさらに買う。その上に、史上空前の資金供給によって、新規資金が次から次へとマーケットに参入してくる。かくして、この10年間、壮大なディーリング相場が出現した。

ＧＡＦＡと呼ばれたネット関連企業の株価はみるみる押し上げられていき、時価総額が１００兆円を超えた。グーグル、アップル、フェイスブック、アマゾンといった企業の株価がピンポン玉のように跳ね上がっていった。

いくら本業が好調とはいえ、一企業の株式時価総額が１００兆円を超えるなど、どうみてもバブル高である。

マイナス金利の国債に１８００兆円もの資金が買い群がる異常さ

債券投資といえば毎年一定の利金収入が得られ、満期時には元本が償還される。したがって、安全度の高い投資対象とされている。

もちろん、発行体である企業などの経営状態が悪化し、満期時に元本が約束通り償還されないことも時として起こる。それが債券投資のリスクである。

しばしば債券の格付けといわれるが、専門の格付け会社が発行体の信用力や元本償還能力を常時チェックしている。それでもって、投資家に個々の債券投資のリスクを知らせてくれている。

投資リスクという点では、国債購入の安心感は抜群である。どこの国にも徴税権と通貨発行権があって、国の財政が破たんすることは、まずもって考えられない。そこで、国債は一番安全であり安心できる投資対象とされているわけだ。

ところが、この10年の間に「マイナス利回りの国債」なるものが登場してきた。先進国中心にゼロ金利が広がった中、大量にバラ撒かれた資金による国債購入が進んだ挙げ句の異常現象である。

金あまりで運用難だということで、年金など機関投資家や銀行などが国債を買い漁った結果、国債価格がどんどん値上がりしていった。そして、遂にマイナス金利にまで行ってしまったのだ。

マイナス金利の国債を買うということは、満期償還まで保有しても絶対にプラスとならない投資を意味する。

年金はじめ機関投資家が顧客資産を預って運用するにあたって、「絶対にプラスの成績とならない投資をする」など、あり得ないこと。運用者としての責任を放棄していると断じるしかない。

ところが、世界中の機関投資家や銀行をはじめいろいろな金融機関が、マイナス金利の国債に買い群がっているのだ。それも、１８００兆円という巨額資金を放り込んで堂々と買っている。信じられる？

彼らからすると、「こんな高値を買おうとするなんて大丈夫かだって？　一向に構わないじゃない」となる。なにしろ、後から後から買いが入ってくるから、自分の買いよりも高値で売り抜けられると、彼らは自信たっぷりなのだから。

これぞ、まさに、ディーリング相場のきわみである。**図表2**を眺めながらだと、わかりやすい。

皆して買って買いまくる。相場はどんどん上がっているが、いくらでも後から買ってくるという確信がある。だから、いつでも売れるし、値ザヤも稼げると信じて疑わない。むしろ、この儲けのチャンスに乗らない方がおかしいと考えているわけだ。

もちろん、彼らにしても、そんな国債を満期まで保有していたら損するとわかっている。トランプのババ抜きみたいなものだ。自分は最後の持ち手にはならないぞ、しかしその寸前まではゲームに参加しない手はない。

図表2　ディーリング相場のきわみ

・上昇相場が続いていると、後からどんどん買いが入ってくる
・いつでも売って儲けられるという安心感で、どんどん買う
・皆が買っては売り、買っては売りを繰り返すから、上層相場はどんどん上がっていく
・運用成績を追いかける機関投資家には、このディーリング相場に乗らない理由はない

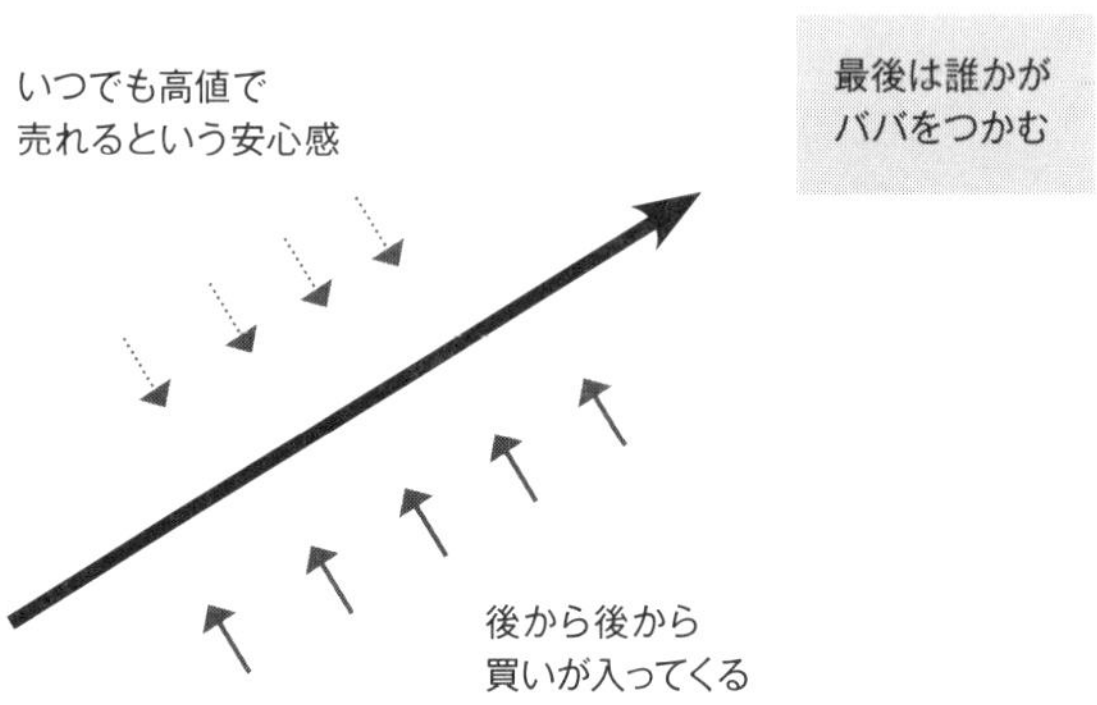

このディーリング相場も最後の瞬間に飛び降りれば、ババは引かない。皆がそう信じて疑わないのだ。

恐ろしいまでのノー天気であり、顧客資産を預かる運用者としての責任意識などまるでない。

彼らは誰一人として、この壮大なディーリング相場が崩れた時にどうなるかなんて、想定すらしていない。これが、金あまりディーリング相場の怖いところである。

ディーリング相場のみならず、どんな相場もどこかで突然崩れだす。ひとたび崩れがはじまると売り逃げ一色となり、もう売れっこない。

そういった修羅場を避けて、早め早めの行動をするのが投資運用の鉄則である。彼らは、そんなことまったく考えていない。

売りの連鎖で、ジャンク債、金融商品の値崩れへ

株価というものは先見性を持っている。株式市場での暴落が続くと、どこかの段階から投資家心理は一気に冷え込みはじめる。これが、バブル相場の終わりで、売

りの連鎖のはじまりとなる。

その直前までは、ディーリング売買を含めて買い一辺倒の強気で押しまくってきた。それが、ここへきて「買っては売りの回転」がすこしずつきかなくなってきた。それどころか、下げた後の戻りが弱くなっている。むしろ売りにやられることが多くなってきた。

そういった意識が投資家の間で広がりだすと、さしものディーリング相場も急速に勢いを失っていく。逆にマーケット内で疑心暗鬼が走りだす。もうそうなると、わずかな悪材料にも、「これはヤバイぞ」と売りの反応を示すようになる。

3月に入ってからも、原油価格の急落で米国のシェールオイル関連企業などの間で経営不安が高まった。ちょっとしたニュースで、経営基盤が弱いとされる中小の産油会社が発行している高利回り債、つまりジャンク債にパッと売りが集中した。

経営不安が懸念されだした、すなわち社債の満期償還に黄信号がともった、これはマズイぞという売りだ。そんな反応も投資家心理が疑心暗鬼に傾きだしたことの象徴である。

すこし前までのディーリング売買にのめり込んでいた時なら、すぐさま新たなる買い手が登場したはず。ところが、ここへきて買うどころか、「ジャンク債に売りが出て、その社債の利回りが上昇した」というニュースが瞬時にマーケット内をかけめぐる。

こういった展開となってくるや、金融マーケット全般に売りの連鎖を警戒する心理が高まる。これまでひたすら高値追いを続けてきた投資家の間で、「誰かの売りによって相場が崩れ、保有資産が値下がり損を食らうリスク」を意識しだす。

そうなってくると、次はなにが売られるだろうかといった不安が、新たなる売りを呼び込むステージに入っていく。疑心暗鬼が次から次へと売りを誘う展開だ。

いつのバブル崩壊時でも、このような不安と疑心暗鬼が交錯して広がる展開となっていく。この先、株価暴落に端を発した売りの連鎖が、ジャンク債や金融商品全般に及んでいくのは避けられまい。

売りが売りを呼ぶ下げの連鎖で、マネーは急収縮する

ずっと金あまりバブル相場に踊ってきた世界のマーケットだ。異常なまでの株高

をはじめとして、資産価値は驚くほどに膨れ上がっている。

どんどん高値を買い上がってきたから、たしかに価格は上昇の一途をたどってきた。しかし、それは中身をともなっていない、シャボン玉みたいなもの。パッとはじけ飛んで、消えてなくなる。

いつのバブル相場も終焉は、シャボン玉のように影も形もなく消え去る。もともと中身がない価格上昇だったから、その寸前までの資産価値とやらは「あるようでない」ようなものだった。

シャボン玉なら、はじけ飛んで終わり。ところが、バブル崩壊となると、買ったコストは消えてなくならない。後からどんどん買ってくるからといって高値を気分よく買ってきたのに、後からの買いが入ってこないではないか。

しまった、高値づかみしてしまった。そう気がついてからでは遅い。保有資産の価格は下がったが、自分の買いコストは高値を追いかけた時点のままだ。大きな評価損を抱えてしまった。かといって、慌てて売ったら大きな売却損が発生する。

これが、バブル投機のなれの果てである。もともと中身のないものを、いつでも売れると高を括って買いまくり、ディーリング益を稼ごうとしてきた。宴が終わってみれば、残るのは「大きな評価損」と「高い買いコスト」だけとなる。

その評価損だが、バブル崩壊となるや一気に膨れ上がる。売りが売りを呼ぶ展開で株価などが暴落していくから、評価損はあっという間に跳ね上がってしまう。

なにしろ、多くのバブル参加者はバブルが終わったとみるや、一目散の逃げに走る。皆が売りに殺到するから、一刻も早く売り逃げないと買い手がいなくなる。その恐れで、すさまじい売り殺到による魔の連鎖がはじまる。

買い手がいなくなる？　そう、もともと皆で買いまくってきた。それが一転して、売り逃げの殺到だ。買い手などいるわけがない。それでも、お構いなしの売り一色のマーケットとなってしまう。これを、「マネーの収縮」という。

買うから上がる。上がるから、さらに買う。そこへ、金あまり状況が続き新規資産がどんどん流入してくる。その勢いですごい高値まで、皆が競うように買い上がっていく。かくして壮大な金あまりバブル相場が形成されていった。

そのバブル相場が崩れたのだ。買い参加していた投資家が、挙《こぞ》って一目散の売り逃げに転じた。とにかく売って現金を手にしたいとする、すさまじい売りに対し買いはゼロ。この状態がマネーの収縮である。

バブル崩壊が信用収縮にまで行ってしまう

いつのバブル崩壊でもそうだが、金融マーケットにおけるマネーの収縮だけでは終わらない。その影響は経済全般にまで及んでいく。

ちょっと考えると、バブルに踊り狂って高値づかみした投資家たちが大損したにすぎない。彼らの売り逃げに応じる買い手などいないから、マネーの収縮となっているはず。つまり、それはマーケット内での問題だろうと思いたくなる。

ところが、実際は経済の現場あちこちにバブル崩壊の影響は及んでいく。バブル相場に参加してくるのは、一般投資家や企業、そして年金など機関投資家の資金だけではない。

銀行はじめ金融機関も、自分のところの余資運用や資金の融資という形で、バブル相場に深く関与している。それが故に、バブル崩壊で巨額の評価損を抱え込んだり、バブル融資に対する不良債権や貸し倒れに頭を抱えることになる。

銀行など金融機関が、直接・間接的にバブル崩壊の影響を受ける。となると、そ

の後始末に追われて新規の融資どころではなくなる。これが信用収縮である。

金融機関による信用供与が滞れば、経済の現場にお金がまわってこなくなる。当然、企業活動全般にも大きな影響が及ぶ。

また経済の現場においても、株価や金融マーケットの暴落によるリスク過敏症が広がっている。株高が資産効果をもたらして、消費や企業の投資を拡大させる現象の、ちょうど逆回転である。それで、ビジネス全般における信用供与が極端に細る。

こうなってくると、現金が存在感を増してくる。それがさらなる金融商品の売り、つまり現金化のニーズを高めることになる。これも、バブル崩壊で引き起こされる現象である。

企業倒産のラッシュもはじまる

繰り返すが、世界の株式市場では、記録的な下げを連発した。NY株式市場では2月につけた史上最高値から30％を大きく上回る棒下げとなっている。

きっかけとなったのは、新型コロナウイルス問題と原油価格の急落である。ふたつとも、世界経済にとっては大ブレーキとなる。それは企業業績を悪化させるということで、世界の株式市場は大きく売り込まれた。

株価全般が相当に下がると、大きく売り込まれた反動で株価は戻り高を演じるものだ。時として、大きな戻りを演じ、下落相場が一段落したかの様相をみせることもある。

それでも、再度そして再々度の大幅な下げ相場が出てくるにつれて、いよいよ次の展開に入っていかざるを得なくなる。世界的な金あまりを背景にバブル高してきた株式市場だったが、その段階まで下がると単なるスピード調整の域を超える。

そこから先は、株価暴落が企業倒産を続出させ、さらなる株売りを誘う局面に入っていく。それが、ますます世界の景気減速を招くという悪循環をともなって、株価は一層の売りを浴びることになる。

企業の破たん？　そう、先進国中心に大量の資金バラ撒きをしてきた。ゼロコスト資金がいくらでも借りられるということで、多くの企業が野放図にビジネスを拡大してきた。

あるいは、株主からの圧力で多額の借り入れをして、自社株買いに走った企業も米国などでは数多い。買った自社株が大きく値下がりしたのに、借金だけはまるまる残ってしまった。

そういった金あまりのバブル相場に乗った拡大指向が、あちこちで逆回転をはじめるのだ。

投資した先が、株価下落やら景気減速の影響を食らい、資産価値を大きく下げている。つまり、評価損がどんどん膨らんでしまっている。

一方、借り入れた金額はそのままだ。となると、多くの企業が次々と債務超過に陥っていくことになる。債務超過が度をすぎると、企業倒産が待っている。

企業の経営破たんは、そのまま資金を融資していた金融機関にとっては貸し倒れや不良債権となる。不良債権の山が積み上がると、金融機関の経営そのものにも赤信号がともる。

同時に、新規の融資余力が一気に削がれてしまう。つまり、信用収縮が経済活動全般に及んでいくことになる。それは、一層の景気減速を呼び込み、さらなる株価下落や企業倒産を招くことになる。

以上のような読みをしていたのだが、新型コロナウイルス問題で狂ってしまった。というか、長期投資の読みが、一時的に棚上げとなった。第2章と第3章では、その棚上げ状態を深掘りしよう。

そして、第4章では一時的に棚上げされた金融バブル崩壊が、いよいよ最終局面を迎える。そのあたりを考えてみよう。

＊　＊　＊

第１章まとめ

・もともと質の悪い「金あまりバブル」が生じていて、こんなバブルは一刻も早く潰れてくれた方がいいと願っていた。

・巨額な資金供給は経済活動の活発化には大して役立たなかったが、債券や株式、商業用の不動産価格をどんどん押し上げた。

・いくら本業が好調とはいえ、一企業の株式時価総額が１００兆円を超えるなど、どうみてもバブル高である。

・マイナス金利の国債が買われる、すなわち満期償還まで保有しても絶対にプラスにならない投資が横行するほどのディーリング相場になっていた。

第2章

金あまりで支えた経済は張りボテ細工でしかない

ゼロ金利と大量の資金供給で、どんな効果を生んだのか

２００８年9月に発生したリーマンショックは、世界を震撼させた。世界的な金融バブルが崩壊して、その寸前までマーケットを賑わしていた天文学的な金額の金融取引が突如、宙に浮いてしまったのだ。

売るに売れなくなった金融商品を腹一杯に抱え込んだ大手銀行は巨額の評価損を被った。同時に、放漫融資していた案件が不良債権と化し、その資金回収に追われ新規の融資などの余裕はなくなった。

それで、信用が急収縮したから、世界とりわけ先進国の経済活動はガタガタになってしまった。

このまま放置すると、企業倒産が多発し失業も大量に発生する。これは大変なことになった。金融恐慌から世界恐慌につながりかねないと、各国政府は大慌てとなった。

本来なら、金融バブルに踊り狂った金融機関や企業そして機関投資家の自己責任

を問うて、事態を放置するところ。それが、自由主義経済の大原則である。

しかし、各国は経済全般への悪影響を恐れ、史上空前の金融緩和に走った。政策金利を大幅に引き下げると同時に、大量の資金供給で事態の悪化を食い止めようとした。

ところが、証券化商品などを大量買いしてきた金融機関にとっては、史上空前の金融緩和といえども焼け石に水。そんな程度では追いつかないほど巨額の売るに売れない資産を抱え込んでしまった。つまり、バブル資産の大幅目減りと債務超過だ。どこかひとつの銀行が債務超過で経営破たんに陥るや、たちまち欧米全体で金融機関の倒産連鎖につながってしまう。それはなんとしても防がなければならないということで、ギリシャやポルトガルなど弱小国への金融支援を強化し続けた。

金融機関支援の過程で、政策金利はゼロ同然にまで引き下げられ、一部にマイナス金利まで出現した。銀行を潰させないという方向で、ＥＵつまりヨーロッパ各国は一致団結したわけだ。

例外は米国で、経済の現場に大量の資金を供給したのは同じ。だが、その一方で銀行の自己資本比率を高めさせるべく、メガバンクによる吸収合併を強要した。

さてさて、これだけ徹底した金融緩和と大量の資金供給をしてきて、10年あまりが過ぎた。その効果は、いかほどだったろうか？　たしかに、ギリシャとかキプロスで最悪の事態にまでは至っていない。

しかし、景気回復の足取りは重い。というか、これだけ資金をふんだんにバラ撒いてきたわりには、大して成長率は高まっていない。物価の上昇も遅々としている。

なにが問題だったのだろう？

ジャパナイゼーション？

この数年、ひそかに語られだしているのが、世界とりわけ先進国経済の日本化である。それを、ジャパナイゼーションという。あるいは、ジャパニフィケーションともいう。

日本は１９８０年代末までのバブルがはじけて30年になるが、ずっと経済のジリ貧とデフレ現象に喘いでいる。同じことが、ヨーロッパや米国で起きつつあるのではという問題提起である。

バブル崩壊後、日本が採った政策は「銀行や企業を倒産させてはならない、大量の失業発生はなんとしても阻止しなければ」だった。それで、95年9月からは超低金利へ、そしてゼロ金利政策へと金融緩和を進めていった。

同時並行して、92年9月の総合経済対策を皮切りに、これまで５００兆円を超す景気対策予算を計上した。単純計算しても、この27年間、日本経済を年３・６％ほど成長させても良いはずの巨額予算である。

また、95年からの超低金利そしてゼロ金利政策で、家計から利子所得を奪い続けた。粗っぽい計算ながら、累計で３４０兆円ほどの得べかりし利子収入が発生している。それが銀行の業務純益となり、銀行の不良債権処理に消えていった。

これだけの得べかりし利子所得が、いつも通り家計に入って消費にまわっていたら、どうなったか？　これも単純計算ながら、日本経済は年２・７％ほどの成長を続けていたことになる。なんとも、もったいない話である。

そうなのだ、巨額の景気対策予算も、ゼロ金利政策も、日本経済の活性化にはほとんど寄与していない。一体、どうしてなのだろう？

バブルに踊った企業や銀行を救済する方向で、合計すると８５０兆円ほどの巨額資金が消えていったからだ。消えていった？　そう、死に金となって見事に消えていった。

そのあたりの検証は、まったくなされていない。それが、日本という国である。

バブルに踊った企業や金融機関の救済は、百害あって一利なし

日本はバブル崩壊で、当時の各研究機関による発表では、総額で1060兆円から1600兆円の間の金額で資産デフレを被ったとされる。株価や地価・不動産価格の大幅下落で、それだけの富を失った。

より正確にいうと、**バブルに踊って高値まで買い上げた株式や土地の価格が暴落した。その結果、帳簿上で1060兆円から1600兆円もの評価損が発生してしまった**というわけだ。

資産の大幅な目減り、つまり資産デフレに対して、なんとか穴埋めしないといけないということで、いろいろな穴埋め策が打ちだされた。

それが、総合経済対策とか景気対策という名目の、バブル企業や金融機関の救済

であった。また、ゼロ金利政策や、はたまた公的資金の投入である。**図表３**でみると、よく理解できるだろう。

先ほども書いたが、経済対策費として５００兆円ほど、それと超低金利政策で家計から奪った利子所得３４０兆円を合計すると８５０兆円ほどの資金だ。それが、巨額の資産評価損や不良債権を抱え込んでしまったバブル企業や金融機関の救済に向かって消えていった。

８５０兆円といっても、１０６０兆円から１６００兆円のどこかといわれた巨額の資産デフレからすると、80％から53％を穴埋めしたにすぎない。

これが、日本経済が長期低迷している最大の要因である。**バブル崩壊後30年もの時間と、８５０兆円もの巨額資金が、バブルに踊った企業や銀行の救済に向けられた。**つまり、後ろ向きの資金投入をずっと続けてきたわけだ。

それもひとえに、企業や銀行を潰してはいけない、大量の失業発生は防がなければならないとした政治判断によるもの。その結果が、日本経済の長期低迷とジリ貧、そして生き残ったゾンビ企業の跋扈として現在に至っている。

日本経済の浮揚効果がなかっただけではない。資産デフレの穴埋めに巨額資金を

図表3　バブル企業や金融機関を潰させない

・巨額な景気対策予算の大半が、企業の資産デフレや金融機関の不良債権をすこしずつほぐしていく方向に投入された
・ゼロ金利政策で企業の借り入れコストや、銀行などの利払い負担をゼロ同然にしてやった
・家計から利子所得を奪い、それを銀行の業務純益増加に向けさせた

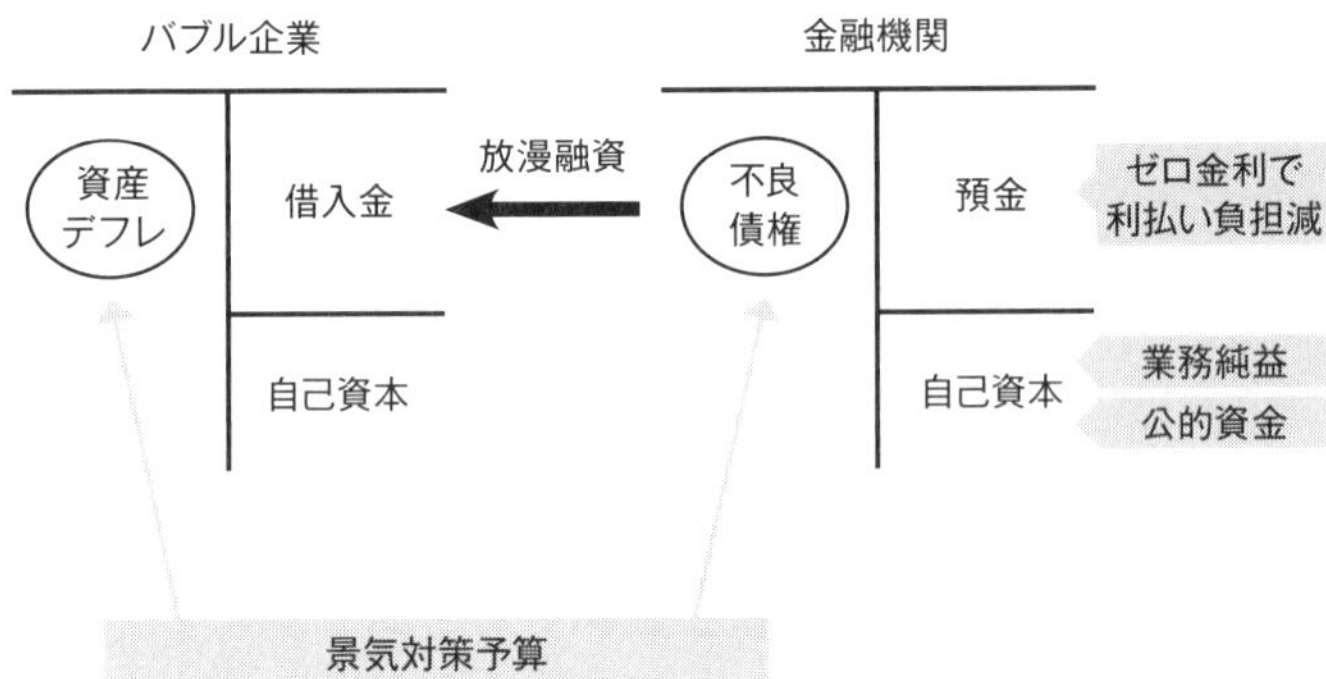

投入したものの、それは推定総額の80％から53％でしかない。つまり、まだ穴埋めは道半ばといった程度だ。これが、日本経済をデフレ現象に追いやった、ひとつの要因である。

では、この８５０兆円がもっと前向きで、つまり経済の現場にまわっていたら、どうなっていただろう？　単純計算の合計で、６・３％の成長だ。

仮定の話だから、そこまで大きく成長したかどうかは定かではない。それでも、日本経済はかなりの成長をしたと推測はできよう。もちろん、デフレ経済とは無縁だっただろう。

こんな荒療治もできたはず

バブル崩壊当時、筆者も含めてほんの一部だが、こんな意見があった。すなわち、バブル企業や不良債権を抱え込んでしまった銀行には、経営責任を取らすべしという見解だ。

資産の評価損に苦しむバブル企業も、不良債権を抱え込んでしまった銀行も、自分で後始末をつける。自主再建がかなわなければ、裁判所へ行く。それが民間企業として当然の道である。

銀行が潰れたら、経済や社会は大変なことになる？　そんなことはない。そもそも、銀行は潰させない。

こうすればよいだけのこと。まず、不良債権を抱え込んだ部分は旧勘定として切り分けて、経営責任そして株主責任に委ねる。一方、銀行の通常業務である預金や資金決済・融資は新勘定として継続させる。資本には一時的に公的資金を入れて営業を続ければ、なにも問題はない。

大量の失業が発生する？　多くのバブル企業が潰れても、いくらだってまともな企業が存在する。だから、失業など十分に吸収できる。また銀行も大半の行員は新勘定の職場で仕事を続けられる。したがって、なにも大騒ぎすることはない。

これだけの処置を政治決断できていたら、一時的には大混乱してもすぐ収まっていく。2年もしたら、新生日本経済が立ち上がっていたはず。

当時は、モノづくり日本を代弁する製造業各社が元気一杯だった。バブル崩壊でスッキリした日本経済を、どんどん引っ張っていってくれたに違いない。まったくをもって、惜しいことをしたと思えてならない。

ちなみに、日本の生産性は、さっぱり上がっていない。それどころか、世界でみても順位を下げているとよく指摘される。

それは、バブルに踊った企業や金融機関を救済し、いつまでも存続を許しているからのこと。そういったところの多くがゾンビ化して、日本経済全体の足を引っ張っている。それで、日本の生産性は一向に上がらないのだ。

あの当時、バブル企業や金融機関には経営責任を取らせ、自助自立のまともな企業に経済政策の主眼を置いていたなら、その後はまったく違った展開となったはず。まさに百害あって一利なしだった。

リーマン後の世界も、日本と同じ轍を踏んだ

長々と日本がバブル後にたどった30年間を書いてきた。なぜなら、リーマン後の世界がまったく同じ道を歩んでいるからだ。

金融バブル崩壊で経済恐慌に陥ってしまうのは、なんとしても止めなければなら

ない。景気を後退させてはならじということで、先進国中心に史上空前の金融緩和と大量の資金供給に走った。

その成果は？　たしかに、経済恐慌とかには至らなかった。だが、さして景気は良くなっていないし、物価もなかなか上昇してこない。

それどころか、これだけ金融緩和をしてもバブル効果しか現れてこない。そして、金融緩和政策すなわち貨幣を大量に供給すれば、経済は拡大発展すると説くマネタリズムの限界がみえてきた。

限界の徴候として、3月に入ってからの大幅株安に端を発した金あまりバブルの崩壊を指摘できよう。それに対し、先進国政府や中央銀行は金融緩和を深掘りし、さらなる資金供給をしているが、神通力はどんどん落ちている。

リーマンショックから11年ちょっとたった。その間、なんとか銀行などを破たんさせないようにしながら時間をかけて不良債権の処理を進めてきたが、ヨーロッパの経済はいまいち活力に乏しい。

その点、かなりの強制力で銀行の不良債権処理を進めさせた米国の方が、まだしも明るい。

そうはいうものの、欧米とも金融バブル崩壊から完全に立ち直ったというにはほど遠い経済状態にある。物価もなかなか上昇してこない。それでもって、日本化つまり先進国経済の長期停滞とデフレ現象をいう向きも多くなっている。

いつの経済でもそうだが、優勝劣敗と適者生存の大原則をないがしろにして、企業救済に走ってはいけない。結果として、経済を弱くしてしまう。

たとえ、日本のバブルや世界の金融バブルがはじけて、バタバタと企業倒産が続き景気が一時的に落ち込んでもだ。どんな時でも、個々の企業や金融機関の経営責任は取らすべきである。それを怠るから、企業も経済も弱体化するのである。

企業経営を弛緩させ、ゾンビ企業の跋扈を許すだけ

そもそも金利がゼロで経済が動くわけがない。古代バビロンの時代から、どんな商売でも儲けがあってこそ、すなわち「なんらかの金利が期待できる」ことで成り立ってきた。

あの世界的な金融バブルの立て役者というか落とし子でもあった証券化商品だっ

て、確率論や金融工学とやらを駆使して金利を付加させたものである。その金利でもって、マーケットでの売買対象に仕立て上げたわけだ。

いってみれば、金利は経済活動の原点であり、引き金である。引き金なくして、どう経済が動くというのか。

この当たり前の当たり前を無視して、「金利をゼロにすれば、経済活動が活発化する」と信じる人たちのなんと多いことか。そういった学者や政策担当者を、どうにも理解できない。

大体からして、経済の教科書にもある低金利政策とゼロ金利とは、まったく違うものである。そこを一緒くたにするのがおかしいのだ。

ちょっと考えてみよう。好況が続くと、企業などで拡大投資意欲が旺盛となって、資金需要が高まり金利も上昇していく。その流れの先で、あまりに金利が高くなりすぎると、コスト高で企業などの投資意欲は減退する。

それが景気のスローダウンを誘う。景気の低下が行きすぎると景気は失速し、不況突入となる。金利は自然と低下していく。

その段階で打たれるのが低金利政策である。**低金利政策とは、家計から法人部門**

へ所得を強制移転させて、企業に前向きの拡大投資を促し、景気の浮上を狙うわけだ。

そういった低金利政策であっても、引き下げるのは一定の水準までだ。間違えても、金利をゼロにすることなどあり得ない。金利をゼロになどしたら、経済活動そのものを否定することになるのだから。

もっとも、企業経営からすると、金利コストは低ければ低いほどありがたい。また、大量の資金供給でゼロコスト資金をいくらでも借りられるとなれば、思い切り事業拡大に走れる。その意味では、企業経営だけでいうと、ゼロ金利と金あまりは大歓迎かもしれない。

しかし、**金利コストゼロでお金をいくらでも借りられる事業環境など、企業経営を弛緩させるだけである。**どんなに経営力のない企業でも生きていけるのだから。つまり、ゾンビ企業を大量に生みだすことになる。

それどころか、自助自立の精神にあふれたまともな企業をも、ダラけさせてしまう。これが、バブル崩壊後30年たって日本企業全般の活力や地力が、信じられないほどに落ちてしまった最大の要因である。

せいぜい、浮利を追いまわす株主と年金運用を喜ばすだけ

これでもかこれでもかの金融緩和と大量の資金供給で、世界の債券や株式市場そして商業用不動産市場は金あまりバブルに沸いてきた。とりわけ世界の株価は、異常なまでに高値を追った。

先に書いたように、景気刺激はいまいちだった。反面、債券・株式・商業用不動産のバブルは、すさまじいものがあった。

ゼロ金利政策に煽られて、債券価格もずっと天井圏にはりついたままだった。すこしでも金利にありつこうとする世界中のマネーが、信用力の低い企業が発行する社債（低格付け債、ジャンク債ともいう）を片っ端から買いまくった。

株式市場でいえば、NY株式市場の代表的な指標であるダウ工業30種平均株価は、3万ドルにもう一歩のところまで買い上げられた。GAFAと呼ばれるグーグル・アップル・フェイスブック・アマゾンといった企業の株価は、企業実態をはるかに超えて買われ、時価総額100兆円企業が相次いで生まれた。

商業用不動産ビジネスも大活況で、世界各国で大規模開発ブームに沸いている。このゼロ金利下において、ある程度の利回りが期待できるということで、不動産投資信託（REIT）に世界中の運用マネーが買い群がった。

債券・株式・商業用不動産市場がすさまじいバブル高を演じてきた。買いの主体は、世界中の金融機関やノンバンク、それと年金など機関投資家である。

これでもかこれでもかの金融緩和で、次から次へと供給される新規資金が後にひかえている。だから、まさに怖いもの知らずでバブル買いを続けた。

金あまりでバブル高をしてきた株式市場を、我がもの顔で暴れまくったのがアクティビストという、「もの言う株主」たちである。彼らは投資ファンドと組んだりして、企業に株主圧力をかけては現金をせしめていく。

たとえば、ゼロ金利で金あまりだからと、企業に多額の借り入れを起こさせる。調達した資金でもって、自社株買いをやらせるのだ。

その企業が自社株買いを実行すれば、株価は大きく跳ね上がる。株価が跳ね上がったところで、彼らは売り抜けて大きな利益を稼ぐわけだ。株主だから現金を吸い上げるなり、なにをやっても構わないだろうといって、彼らは平然としている。

そういった、企業を食いものにして荒稼ぎする株主たちにとっては、年金や金融機関などは「もの言わないスポンサー」として、実にありがたい存在である。大株主の立場でアクティビストたちに同調してくれるのだ。

毎年の運用利回りさえ得られれば、なにをやっても構わないという超大口のスポンサー。それが実は、年金や銀行などなのだ。

おかしな話だと思わないか。**われわれの年金や虎の子の預金が、企業を食いものにする連中の軍資金となっているのだ。**彼らの餌食となっていく企業が、われわれの毎日の生活を支えてくれているというのに。

資産バブルを醸成し、社会的な格差が深刻に

世界的な金あまりバブルは、持てる人たちにとっては富の積み増しに大きく貢献してきた。保有している債券や株式そして不動産の価格が大きく値上がりしてくれたから大歓迎だった。

一方、そういった資産を持たない人たちは、どんどん厳しい状況に追い込まれて

いった。金あまりの資産バブルには縁がなかったし、その横でデジタル革命が進んで一般労働者の所得水準が下がっていったから大変である。

製造現場のみならず経済活動全般のＩＴ化やデジタル化は、それを先導し推進している一部の人たちに富がどんどん集中していく。一方、その流れに取り残される大多数の一般労働者や事務員は、給与水準の大幅低下を余儀なくされる。

当然のことながら、一部の高所得層は金あまりバブルを存分に享受できる。他方、低所得層へと追いやられている大多数の人々にとっては、史上空前の金融緩和もなんら恩恵に預からない。

ここに、張りボテの景気回復の問題点が凝縮される。**いくら空前の金融緩和と大量の資金供給をしたところで、それほど実体のともなわない景気拡大では、人々の幸せにつながらない。経済政策としては失格である。**

たまたまＩＴ化やデジタル革命という世紀的なイノベーションが進行しているが、その横で金融緩和政策の限界がみえてきた点に要注意である。

そんな中、米国では中産階級の没落がひんぱんに話題となるようになった。米国の自由と民主主義を支えてきた中産階級の没落は、由々しき事態となってきた。

また、低所得階級へと追いやられた人たちの不満がポピュリスト政治を招いたり、トランプ政権の米国第一主義を支持したりとなっている。それが、世界における米国の存在感をどんどん薄めさせてもいる。

第２章まとめ

・日本のバブル崩壊では、１０６０兆円から１６００兆円もの資産デフレが生じた一方、８５０兆円もの資金がバブルに踊った企業や銀行の救済に向けられた。

・いつの経済でも、優勝劣敗と適者生存の大原則をないがしろにして、企業救済に走ってはいけない。

・金利は経済活動の原点であり、引き金でもある。引き金なくして経済は動かない。

・金利コストゼロは企業経営を弛緩させる。経営力のないゾンビ企業を大量に生みだすだけだ。

第3章

パンデミックの大騒ぎでみえてきたこと

不気味に感染拡大

この原稿を執筆している間も、新型コロナウイルスの感染者と死亡者は増え続けている。中国に端を発したウイルス感染は、ヨーロッパから米国、中東そして東南アジアへと拡散していっている。最近のニュースでは、アフリカから南米のアマゾンにまで及んでいるとのこと。

感染者の数は、世界中でどんどん増加している。米ジョンズ・ホプキンス大学のまとめでは、2020年5月9日現在で393万人を超したとのこと。100万人を超えてあっという間に300万人オーバー、そして400万人に迫ろうとしている。

国別では、米国で128万人あまり、スペインで22万人あまり、イタリアとイギリスで21万人あまり、ロシアで18万人あまり、フランスとドイツで17万人あまりと続く。

日本の感染者は、1万5千人を超えたが、ここへきて感染者数はいったんピークアウトしたようである。

一方、死亡者の数は、世界全体で27万5千人あまりとなっている。国別でみると、米国が7万7千人あまり、イギリスが3万1千人あまり、イタリアが3万人あまり、スペインとフランスが2万6千人あまりと続き、以下ブラジル・ベルギー・ドイツ・イランの順となっている（日本経済新聞２０２０年5月10日）。

まさに、パンデミック（世界的な大流行）である。

世界の経済活動に急ブレーキ

感染拡大を阻止しようと、各国では人々の移動制限から外出自粛、入国禁止はたまた都市のロックダウン（封鎖）まで、次々と対策を強化している。

それで大きな痛手を被っているのが、商店街や飲食業、エンターテインメントやスポーツジム、旅行業者やホテル・航空会社などである。顧客が激減どころか、ほとんど消えてしまったのだからどうしようもない。

いま活況を呈しているのは、マスク業界と消毒液そして検査機器関連のみで、フル操業を続けている。その他の産業は、サプライチェーンの分断で生産ラインが停止を余儀なくされたり、消費需要の激減などでまともに操業できない状態にある。

ここへきて相次いで発表されている景気観測でも、この半年ぐらいは１９３０年代の世界恐慌に匹敵するマイナス成長を予想するところがほとんど。世界のあらゆる地域で経済活動に急ブレーキがかかってきた。

人の移動がこれほどまでに制限されたケースなど、これまでになかったこと。それも、世界中かなりの国々においてだ。

経済なんて、人々の毎日の生活が集まったモノでしかない。そして、それを支える企業活動でもって、ほとんどができている。その点、人々が自宅にこもるようになると、経済活動は一気に縮こまってしまう。

人々の毎日の生活といっても、それも生きていく上でギリギリの衣食住だけではない。ちょっと外で美味しいものを食べたいとか、仲間とワイワイ飲みたいとか、食だけでもいろいろある。

そういった人々の思い思いの行動を抑え込んでしまったら、経済活動は一気に縮小する。当然のことながら、企業のビジネスもお手上げとなる。そうなると、失業も大量に発生する。

今回のパンデミック騒ぎでも、世界中で14億人を超す人々が自宅待機で、お店の商売はあがったりとなっている。多くの人にとって収入の道が閉ざされるとなれば、生活ができなくなる。経済そのものが蒸発してしまう。

各国はリーマンショック時を上回る金融緩和と資金供給に

経済とは経世済民の略で、人々がおだやかに暮していけるようにという意味である。それなのに、パンデミック騒ぎで人々の生活基盤が脅かされるとなると、もう経済どころではない。

どの国も、そんな状況は一刻たりとも放置するわけにはいかない。国民の生活を守るため、生活基盤の確保と回復は急務である。お店や中小の事業者の商売が落ち込んでいるのは、できるだけ速やかにカバーしたい。

そんなわけで、各国政府はリーマンショック時を上回る、前例のない規模での税金投入を決めた。ＩＭＦ（国際通貨基金）によると、世界全体では８兆ドルという巨額の経済対策費が投入されるとのこと。世界の国内総生産（ＧＤＰ）が90兆ドル弱だから、実に８・８％もの巨費である。

ＩＭＦでは２０２０年の世界経済の成長を３％と見込んでいた。およそ２・７兆ドルほどＧＤＰが増加するはずだったが、逆にその３倍近くの対策費を各国は投入することになった。それほどの非常事態という認識で、世界は一致している。

各国の中央銀行も、無制限の金融資産買い取りなど、これまで以上に大量の資金供給をすると発表した。米国のＦＲＢに至っては、ジャンク債までをも買い取るというすさまじい挙に出た。

感染拡大を阻止するのと同じ緊急度なのが、経済の現場への資金投入である。人の動きがなくなり、お店の商売ができなくなれば、収入の道が閉ざされる。となると、人々は生活できなくなる。だから、なんらかの形の所得補償は待ったなしなのだ。

そんなわけで、収入源を失った人たちへの所得補償からはじまって、相次ぐイベント中止で稼ぐ機会を奪われた演奏家・歌手・芸人などの救済まで、急を要する支援となる。

飲食店などサービス業は、人の動きが制限されたら開店休業もいいところ。現に、世界各国で店舗の一時的閉鎖となっている。収入が激減した状況を、どうカバーしてあげられるのか。

とりわけ悲惨なのは、旅行関連業者やホテル・航空会社である。各国が入国制限措置を講じているから、海外旅行はパッタリと途絶えてしまった。国内旅行もさっぱりとなってきたから、お先真っ暗である。

航空会社ではまったくといっていいほど国際線の飛行機を飛ばせず、国内便もガラガラである。毎日すごい金額の収入見込み額が消えていっている。

こんな状態が続くと、企業倒産にもつながりかねない。そうなると、海外旅行もできなくなってしまう。国としても放置できない状況である。

最近では、政府の緊急事態宣言を受けて、全国の商店街のほとんどが店舗のシャッターを降ろしている。収入の道を閉ざされた人たちが、経済のあらゆる分野にいて、これからどうなるのか不安一杯なのだ。

このままでは失速してしまう経済をテコ入れする

こういった、まともに商売もビジネスもできない状況が続くと、経済活動があちこちでガタガタとなるといった程度では収まらない。お店の廃業や企業倒産が多発し、自宅待機や派遣切り、そして失業問題も高まる。

それを防ぐ、ひとつの有効な手段として、お店や中小企業のみならず大企業も含め家賃などの支払い支援だ。それと、運転資金をたっぷり用意してあげることだ。運転資金さえなんとかなれば、ギリギリでも食いつないで事態の改善を待てる。

そこで政府は、緊急経済対策で企業への税金や社会保険料の支払い猶予で、26兆円の財源手当てを急いでいる。

報道によると、今年2月以降の1カ月間の売上高が1年前よりも2割以上減るなどした企業に、消費税や法人税などほとんどすべての税金や、年金・健康保険などの社会保険料の支払いを1年間猶予する。担保や延滞税も求めない。

26兆円の内訳は、国税が10兆円、地方税が7兆円、社会保険料が9兆円と想定している。とはいえ、今後の動向次第では、さらに膨れ上がることもある。

こういった支払い猶予は、事業者にとっては資金流出を防ぐことになり、当面の資金繰りに大助かりとなる。なにしろ、店舗閉鎖や操業停止で収入の道が断たれている事業者にとっては、1円たりとも資金流出は防ぎたいところだから。

とはいえ、事業経営において税金支払いなどでの資金の流出を防ぐだけでは、十分でない。人件費をはじめとした固定経費は放っておいても嵩んでくる。それらを賄うには、別途に資金繰り策を講じなければならない。それが、中小企業に対する200万円とかいわれている無担保融資である。

このままの状況が続けば、中小企業といえども200万円ではとうてい間に合わない。さっぱり売り上げが立たない分、つまり経済全体では途方もない金額の資金繰り問題となっていくのは避けられない。

各国の中央銀行が資金を無制限に供給すると発表しているのも、まさに金融機関の融資余力を高めて、企業の資金繰り支援を想定してのもの。企業経営していればわかるが、どんなに財務内容が悪化しても、資金繰りさえつけば会社は潰れない。

いまのような非常時、とにかく運転資金を確保して経営を続けたい。状況が改善してくれば、売り上げも戻ってきて、支援された資金も徐々に返済していける。そう願っているお店や企業は一杯あるはず。ここは緊急支援のしどころである。

一刻も早く、あらゆる対策を講じて、お店や中小の事業者そして企業の存続と売り上げ回復に強力なテコ入れをすべきである。そうしないと、経済の基盤が崩れていく。それはなにがなんでも防がなければならない。

質の悪い企業救済が混在してしまうリスク

パンデミック騒ぎで、まともに商売やビジネスを続けられなくなったお店や企業に救済の手をさし延べるのは急務である。モタモタしていると、お店の廃業や企業倒産が加速的に増加していき、経済そのものが消滅してしまう。失業も大量に発生する。

新型コロナウイルスという問題を世界が抱えてしまった以上は、一刻も早い感染の阻止と経済の立て直しが求められる。そのためには、国や中央銀行がリードして国民も総動員で一致協力する必要がある。

対策が遅れると、経済そのものが崩れだし、遅れれば遅れるほど費用も嵩む。いまは非常事態ということで、あらゆる対策を講じていい。とにかくスピード重視だ。

そこまでは、なんの異存もない。ひとつだけ懸念されるのは、こういった非常時にワル乗りしてくる輩たちだ。自社の経営がいまいちだったところにパンデミック騒ぎが降ってきた。これは好都合だとばかり、国の緊急支援を要請する。

もらえるものは、なんでももらっておけ、そういったズルイ企業が、今回の救済支援に紛れ込んでくるのは眼にみえている。

だからといって、どことどこがまともな企業で、どこがズルイ企業なのかは、なかなか見きわめられない。また、いちいち各企業を徹底精査している時間の余裕もない。

結局のところ、相当な数のズルッコイ企業が支援の枠組みに紛れ込んでくるのだろう。日本の場合、政官民のゆ着とか利権・既得権が、あちこちに巣食っているから、その連中がうまいこと紛れ込んでくる。

その結果、国が投入することになる資金、つまり税金は想定以上に膨らむのは避けられないだろう。非常時だからと、一刻も早い救済措置を講じようとすればするほど、救済を要請する額は膨れ上がる。

もうひとつめんどうなのは、そういったズルッコイ企業による借金踏み倒しが多発するだろうことだ。事業の継続を前面に出しての支援要請でも、どれだけ本気で本業の立て直しに取り組むか知れたものではない。

政策投資銀行などからの融資は、もらい得として享受する。あとは返済する気もない輩たちが、あちこちに結構いる。

もちろん、まともに経営を続け、すこしずつでもきちっと返済していこうとするお店や企業が大半である。それでも、力尽きて倒れることもある。そういったケースも含め、**今回の税金投入で相当な額が出しっ放しで戻ってこないことになろう。**

税金などの支払い猶予に加え、巨額の財政支出が乗っかってくるから、国の財政悪化は相当に深刻化しよう。

放漫財政に免罪符が与えられた？

新型コロナウイルス問題が発生する前から、日本の財政は悲惨な状態にあった。

毎年の財政赤字を埋め合わすために、これまた毎年30兆円を超す赤字国債の発行を、もう20年以上も続けているのだ。

その結果として、国の借金は１１００兆円を超えている。日本国民が生みだす富（国内総生産）の、なんと2年分の借金だ。

それに対し、日本は世界最大の債権国で、民間の所有分を合算すると１８００兆円の海外資産がある。また、個人金融資産も１９００兆円近くある。だから、なにも問題ないと政府や識者は主張している。

おかしな話である。これといって支障がないからと、借金をどんどん膨らませていっていいわけがない。世の中では、そんなムシの良い話が通じるわけがない。いつかは借金を返済しなければならない。もちろん、払わされるのは国民である。

ところが日本では、政府も政治家たちも積み上がる一途の国の借金に対し、ノー天気もいいところ。それどころか、毎年の予算を膨らますばかりで、財政健全化の意思も意欲も示さない。

彼らからすると、さまざまな理由で歳出は削れない、むしろ増額を望みたいとなる。一方、税収の方は日本経済の成長率がなかなか高まらないので、伸び悩んでも致し方ない。したがって、毎年の財政赤字はやむを得ないと主張する。

たしかに、今年度の当初予算１０２兆円のうち、年金や医療費など社会保障関連費は35兆円、国債費は23兆円もある。どちらも、毎年1兆円ぐらいずつ増え続けている。このふたつだけでも、予算の57％を占めるということもあって、財政赤字の削減は難しいものがあるといいたくもなろう。

だからといって、毎年30兆円を超す赤字国債の発行と、増え続ける一途の国の借金を、いつまでも続けられるはずがない。このままでは危険だと誰が考えてもわかる。それでも現状は、より悪化するがままに放置されている。

それどころか、あまりに財政悪化を訴えていると、「財務省寄り」だと白い眼を向けられる。こちらは、財務省の肩をもつとかの低い次元ではなく、こんな綱渡り財政は永久に続かない。一刻も早く健全財政に戻すべしと主張しているだけなのに。

もっとも、政府関係者や政治家の間でも、一部には「このままではマズイぞ」と考えている人はいよう。しかし、どうして良いのかわからないままズルズルと坂道を転げ落ちていっているのも事実。

そういった、心ある（？）人たちはまだしも、まったくをもって「この先どうなるのか、大丈夫か」など考えてもいないのが、日本の指導層だろう。だから、財政悪化をなんとも思わないし、将来に対し無責任もいいところである。

そんな日本の現状に、コロナウイルス問題というのが降ってきた。感染拡大抑止や生活ならびに経済のテコ入れに、ありとあらゆる対策を講じるべしとなった。

この非常時、財政の悪化などいってはおれない。これまでの放漫財政は横へ置いて、とにかく財政支出のフル出動だとなってきた。

経済対策の特別予算を大至急、国会承認を受けるべく国中が動きだした。財政悪化を憂いている人たちも、まったく鈍感な人たちも皆一緒くたにして、財政の追加投入を急ぐべしとなってきた。それも、前代未聞の大盤振る舞いで。

まるで、免罪符が与えられたかのように、日本中が財政悪化の深堀りに走りだしたわけだ。もはや、誰の責任とかは問われない。新型コロナウイルスのせいで、日本の財政は危機に陥ったといえば済む。

とんでもない、モラルハザードである。

財政出動やむなしなんだが…

これは戦争だといわれるほどの生活と経済の危機に、各国政府や中央銀行はあらゆる対策を講じている。それに対し、誰もなんの異存もない。

いまは後のことなど考えていられない。むしろ、一刻も早く生活資金を届けてくれ、企業の資金繰りを助けてくれの大合唱である。

それは、それでいい。問題は、その後始末をどうつけるかだ。大盤振る舞いをして各国の財政はボロボロである。景気が相当に回復してきても、税収増で賄うのは至難の技である。さてどうするか?

各国の中央銀行も、無制限ともいえる金融資産の購入で財務を異常に膨らませてしまった。この先では保有資産の劣化や紙幣の増刷りで、信用力低下とインフレ懸念が台頭してくる。どう対処していくのか?

おそらく、これといってなんら有効な手は打てないだろう。あまりに性急な増税は、せっかく回復してきた景気の目を摘んでしまう。中央銀行にしても、資産圧縮を急ぐと金融引き締めとなり、これまた経済活動にブレーキをかけることになる。

となると、そのままズルズル行ってしまう可能性が高い。その間にインフレが進行し、金利も上昇しだす。それでもって、なし崩し的に財政悪化の穴埋めとなっていくのだろう。

当然のことながら、生活コストは上がっていく。そう、生活者がツケを払っていくことになるのだ。国の指導層の無責任・先送り・モラルハザードのツケが一般生活者に重くのしかかってくるのは避けられまい。

とりわけ、日本はひどいことになろう。無責任・先送りの長さからいっても、国の借金の重さからいっても、日本は世界に抜きん出ているのだから。

コロナ問題が落ちつけば、経済は急回復に

新型コロナウイルスのパンデミック騒ぎも、いずれは収まっていく。それを待っていたかのように、世界中あちこちで経済活動が一気に立ち上がってくる。

早い話、人々の移動制限が解除されるや飲食業はフル操業に戻る。長いこと自宅

にこもっていたことの反動もあって、まずは街にくりだして飲んだり食べたりしようとする。それが人情というもの。

人の動きが戻ってくれば、商店街も活気を取り戻す。すると、商品の仕入れも増加し問屋やメーカーも忙しくなる。そういった動きが高まると、供給ネックの問題が発生する。

となると、分断されていた生産体制の再構築が急務となる。とはいえ、消費需要の立ち上がりはそれこそ瞬時だが、供給体制の立て直しには時間がかかる。なにしろ、あらゆるモノの生産が滞っていたから、需要の戻りに供給が対応できない。

それでも、ズタズタになっていた生産と供給のバリューチェーンが、すごい勢いで再建されていくことになる。消費需要の急増に応えようと、生産や供給体制の立て直しが急ピッチで進みだすと、あっという間に景況感は高まる。

外出の自粛や店舗閉鎖で消沈していた経済活動が、一気に動きだすのだ。しばらく前までとは様変わりの活況となる。

もちろん、雇用ニーズも高まってくる。コロナ問題の渦中でも懸命に雇用を維持した企業は、すぐさまフル操業に入っていける。一方、背に腹は代えられずで従業員を解雇したり一時帰休させた企業は、今度は雇用の確保に追われることになる。

大きな惨禍の後はいつでもそうだが、急速な経済活動の回復に煽られるようにして、経済の現場はテンヤワンヤの慌ただしさとなる。生産や供給が大きく落ち込んでいたこともあって、その反動が大活況を呈するようになるのだ。

そういった反動活況も、半年ぐらいすれば収まっていく。生産や供給ラインは元に戻り、平時のオペレーションに落ちつく。遅れた分のキャッチアップが一段落すれば、世界経済も平時に戻る。

経済行動そして社会に変化も

そこから先だ、新しい世界経済の絵がみえはじめてくるのは。いつの大波乱の後もそうだが、完全に元の姿に戻ることはない。なんらかの新しい姿がみられるようになってくる。

今回のパンデミック騒ぎでいえば、世界的に自宅勤務が進んでリモートワークがかなりの存在感を示しだした。その流れで、リモートワーク関連の機器やサービスのニーズが高まった。それが、新しいビジネスを生みだすことにもなろう。

企業でいえば、自社の業務でどこまでリモートワークを組み込んでいけるか。それを前提とした勤務体系の構築が視野に入ってくる。リモートワーク関連の機器やサービスを提供する側にとっては、新しいビジネスの開拓促進につながっていく。

その流れが高まってきて、ビジネスの現場で定着しだすと、大都会への集中も見直されはじめよう。リモートワークでかなり広範囲の仕事が完結できるのであれば、地方への移住も加速する。

生活環境やコストの面からも、地方に住む方が都会よりはるかに上である。なによりも、通勤時間が浮いてくる分だけ、自由にできる時間が増える。

そこに新しい産業が生まれてくる余地ができる。地方に住んで、お金や時間に余裕ができてくると、モノでない分野での時間やお金の「消費」余力が高まる。それで、文化・教育・芸術・スポーツ分野などで新しい雇用、つまり産業が生まれてくるのだ。

一方、リモートワークが定着してくるにつれて、自宅での仕事や地方勤務のウェイトが高まり、人とのふれ合いが減っていく。それに対し、人はなにを求めはじめるのだろう？

もちろん、家族との時間は大事だが、それだけではもの足りなくなる。さあ、どんな展開となっていくのだろう。

いまは、ノドから手が出るほど欲しいが

パンデミック騒ぎが沈静化してくるのを待っていたかのように、世界経済はすさまじい反動で、びっくりするほどの活況を迎えよう。そういった反動活況を経て、いずれ世界経済は平時の状態に落ちついていく。

景気回復の度合いはどのくらいか、はたまた世界経済の成長率がどのくらいまで高まるのか、それらもすこしずつみえてくる。

そのあたりからだ、やっかいな問題が急速に頭をもたげてくるのは。やっかいな問題とは？

そう、新たなるバブルの膨れ上がりである。それも、コロナ問題の前よりはるかに強烈なバブルだ。

どういうことか？　米国・ＥＵ・日本そして中国はパンデミック不況を克服しようと、前例のない規模の経済対策に踏み切った。また、各国中央銀行も無制限の金融資産の買い取りで、これまた異常に大量の資金供給をはじめた。

この緊急措置は、なにがなんでも必要である。それにとやかくはない。人々の生活に直結しているのだから、一刻も早く平時にまで復旧させなければならない。大災害時からの生活再建と同じである。

その過程で投入された財政資金や中央銀行による資金供給は、どんどん人々の生活とそれを支える企業活動、つまり経済の現場へ流れ込んでいく。これは、非常時におけるとはいえ、しごく健全な資金の流れである。

この段階では、いくらでもマネーは必要とされるし、投入されたマネーも八面六臂《はちめんろっぴ》の働きをしてくれる。

新しいバブルが膨れ上がっていく

そういった干天に慈雨のようなマネーだが、経済活動が元に戻っていくとともに働き場所が急速に減っていく。しばらく前までは、救済資金として水が砂地に浸み込んでいくように、生活や経済の現場で大歓迎された。

その歓迎ぶりだが、経済活動の回復とともに最初は徐々に、そのうち急速に落ちていく。あれほど、ノドから手が出るほどに欲しかった救済資金が、もう要らなくなってきた。そう、**緊急投入されたマネーの働き場所が急激に減っていくのだ。**

人々の生活や経済の現場では、平時のお金の流れが戻ってきている。そのお金の循環で十分にやっていける。となると、大量に投入されてきたマネーはあまってくる。つまり、行き場を失ってしまう。

だからといって、あまったマネーを吸い上げるべしと、金融引き締め政策に転じるのは早すぎる。そんなことをしたら、ようやく回復してきたものの、まだヨチヨチ歩きの経済活動が足元から崩れてしまう。

よほど景気が良くなるのを確認しなければ、金融引き締めなどできない。そんなわけで、あまりだしたマネーもそのまま経済の現場に放置しておくことになる。

ところが、マネーは働き者であって、のんびりしていることはない。いつでも次の働き場所を求めて止まない。

経済の現場であまってきたマネーは、新たな働き場所を求める動きをどんどん高めていく。これを、マネーが暴れだすという。それは、マネーの本性でもある。

これだけ大量に投入されたマネーだ、経済の現場のあちこちであまってくる量も半端ではない。そういったマネーが暴れだすのだ、これが、新たなるバブルの膨れ上がりである。とんでもなく強烈なバブルとなろう。

株価はすさまじいバブル高に

この原稿を書いている現在も、世界の株価は急落とその反動の反発高を繰り返している。パンデミック騒ぎで、企業業績の落ち込みはリーマンショック時よりもひどいといった予想が相次ぎ、投資家心理は相当に弱まっている。

次から次へと報道される世界経済の見直しは、どんどん悲観的となっている。新型コロナウイルス問題が、いつ頃に収束しだすかによるが、2020年の世界経済は3％を超すマイナス成長は免れないとされる。

これほどの落ち込みは、1930年代の世界恐慌以来であって、その回復にも相当な時間がかかるのではともいわれている。ＩＭＦなど専門機関もおしなべて、世界経済の落ち込みを警戒している。

それもあって、これだけ株価全般が下げたのに、なかなか買い意欲が高まらない。どちらかというと逃げ腰の投資家心理が株式市場を覆っている。

ここからは筆者の読みだが、そういった弱気もどこかで強気に一転しよう。いつの災害時からの復旧もそうだが、経済の現場に活気が戻ってくるよりも前に、株価は早くも上昇をはじめる。

たとえ、専門家による経済予測がマイナス成長とかいわれていても、株価というものは経済の現場に活況感が戻るまでのんびり眺めていることはない。どこかで、見切り発車的に上昇に転じ、投資家心理を否応なしに高めさせる。

そうなのだ、パンデミック騒ぎもいずれ収まっていく。株価の先見性からしても、どこかで株価全般は底打ちし、上昇に転じていこう。それを追いかけるようにして、企業の業績回復予想が出はじめるといった順番で。

ともあれ、前例のない規模での税金投入と大量の資金供給は、もうすではじまっている。それがいつ余剰マネーとなって暴れだすかは、それこそ時間の問題である。

次なる出番を待っていた余剰マネーは、株価が上昇しだしたとみるや、飛びつくように買い群がってこよう。それが一層の株価上昇をもたらし、さらなる余剰マネーによる買いを誘引することによって、株価全般はあっという間に高値追いを再びはじめる。

バブルの再燃

しばらくは、企業の業績回復が後押しする流れとなるから、まあ順当な株高といえよう。そのうち、経済の現場からあぶれ出てくる余剰マネーが、どんどん暴れ買いをはじめる。それにつれて、バブル株高の様相を強めるのだろう。

株高に煽られるようにして、債券など他の金融商品も、次から次へと買われていくことになる。昨年までの金あまりバブル高を、はるかに上回る強烈なバブルとなっていこう。

なにしろ、世界中で投入された資金の量が前代未聞の規模だ。先述の通り、もうすでに発表されている経済対策費だけでも8兆ドル（860兆円）と、世界経済の

GDPの8・8%にも達する巨費である。

そこへ、各国中央銀行が無制限の金融資産買い取りに踏み切った。タガが外れたかのように、いくらでも資金を供給するぞという姿勢だ。

通常であれば、とんでもないインフレを招くということで、どこの国でも自制のブレーキをかける。ところが、今回は戦争に匹敵する非常時だということで、後のことなど考える余裕もないまま資金をこれでもかこれでもかと供給しているのだ。

大量にバラ撒かれた資金が経済の現場で余剰となってくれば、その先でバブル化するのは自然の流れである。

そう、**再燃するバブルは想像をはるかに超えた強烈なものになっていこう。**

第３章まとめ

・一刻も早い感染の阻止と経済の立て直しのため、あらゆる経済対策が求められる。とにかくスピード重視だ。

・コロナ問題が落ちつけば、反動で大活況を呈する。経済は急回復する。経済行動や社会活動に変化もみられよう。

・経済活動が元に戻るにつれ、多量に投入されたマネーの働き場所が急速に減っていく。マネーはやがて暴れだし、想像をはるかに超えた強烈なバブルを形成する。

・株価は先行して底打ちし上昇に転じる。余剰マネーによる買いを誘引し、あっという間に高値追いを再びはじめることになる。

第4章

一段とスケールアップしたバブルがやってくる

前例のない規模での資金供給

ここへきての世界景気の落ち込みは、ひどいを超えている。新型コロナウイルス感染抑止の外出制限や都市閉鎖（ロックダウン）で、経済活動の多くが「蒸発」してしまった。世界経済はどれだけのマイナス成長となるか予測もつかない。

それに対し、米国・EU・日本・中国はリーマンショック時を大きく上回る景気対策に踏み切っている。世界全体では8兆ドル（860兆円）もの対策費が投入される。これは、早々と発表されたものだけで、その後どんどん追加されている。

また、各中央銀行は広範囲の金融資産買い取りで、無制限に近い資金供給をするという。日本経済新聞（2020年3月28日）によれば、米連邦準備理事会（FRB）の総資産は3月25日時点で約570兆円になったとのこと。わずか2週間で約103兆円の増加と、FRBの資金供給のすさまじさを物語っている。

図表4をみてもわかるように、3月半ばからのFRBによる金融資産買い取りは著増している。連日10兆円を超す規模で米国債や住宅ローン担保証券を買い入れて

図表４　米 FRB はすさまじい勢いで資金供給している

・株価暴落とパンデミック騒ぎで、金融市場が不安定に
・企業や銀行が手元資金を厚めに確保しようとする動きが高まっている
・それで、FRB が金融資産買い取りで、ドル資金を大量供給することになった

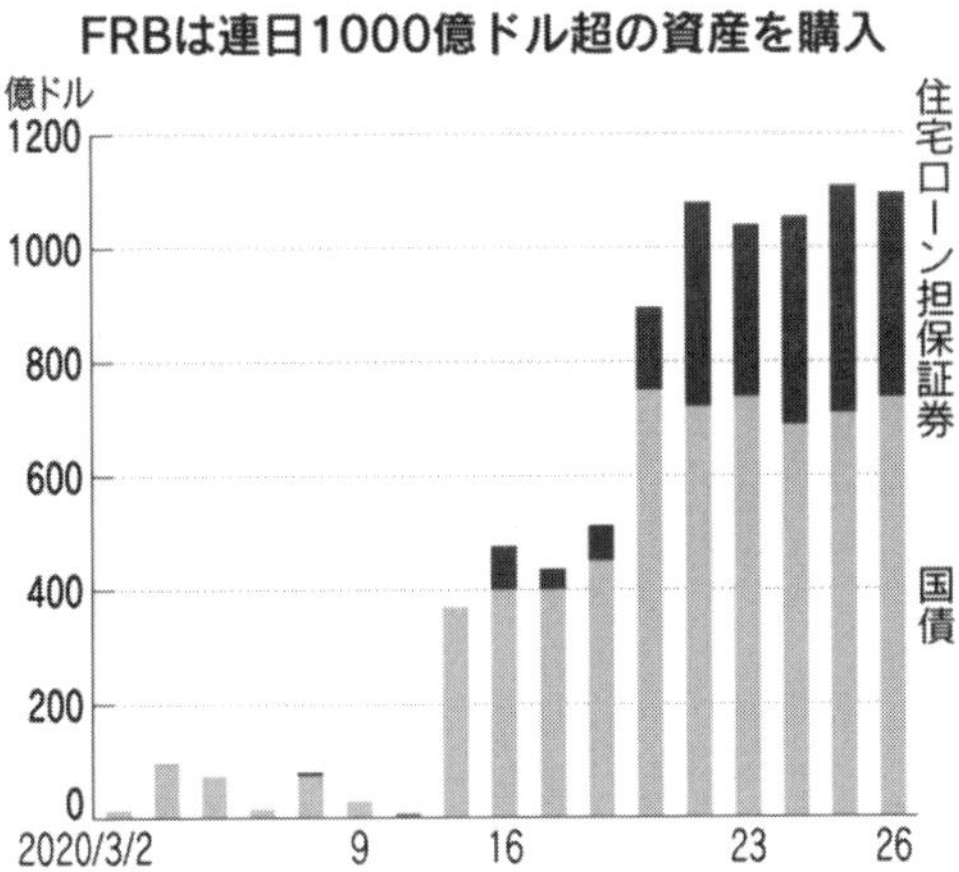

資料：日本経済新聞　2020 年３月 28 日

いる。まさに、前例のない大規模な資金供給ぶりである。

ただ、ＦＲＢがこれまで買い入れや担保の対象としてきたのは、高格付けの証券や債券のみである。ところが、それ以外の低格付けの金融商品などが売り込まれだした。それをみて、ＦＲＢは低格付け債（ジャンク債）の購入にまで踏み込んでいる。

そんな中、日銀は株式ＥＴＦ（上場投資信託）の購入枠を年間6兆円から12兆円へと拡大した。パンデミック不況対策というよりも、とにかく株価下落を抑え込みたいのだろう。これなどは、単なる株価維持政策としか思えないが。

さらに、中央銀行の財務を肥大化させるのだ！

今回のパンデミック騒ぎだけではなく、リーマンショック後からの米国・ＥＵ・日本の中央銀行の財務の膨張ぶりは、すさまじいものがある。**図表5**を、とくと眺めてみよう。すごいと思わないか。

米国・ＥＵ・日本の中央銀行が、もうすでにどれほど異常に大量の資金供給をしてきたか。それが、一層さらに膨らんでいこうとしているのだ。

図表5　先進国の中央銀行の財務肥大化

・リーマンショック後、米 FRB・欧州中央銀行（ECB）・日銀の財務は急膨張
・ここへきて、FRB の総資産は1カ月で約 176 兆円の増加と急増している
・日銀は黒田総裁就任後からの資産増が顕著となっている

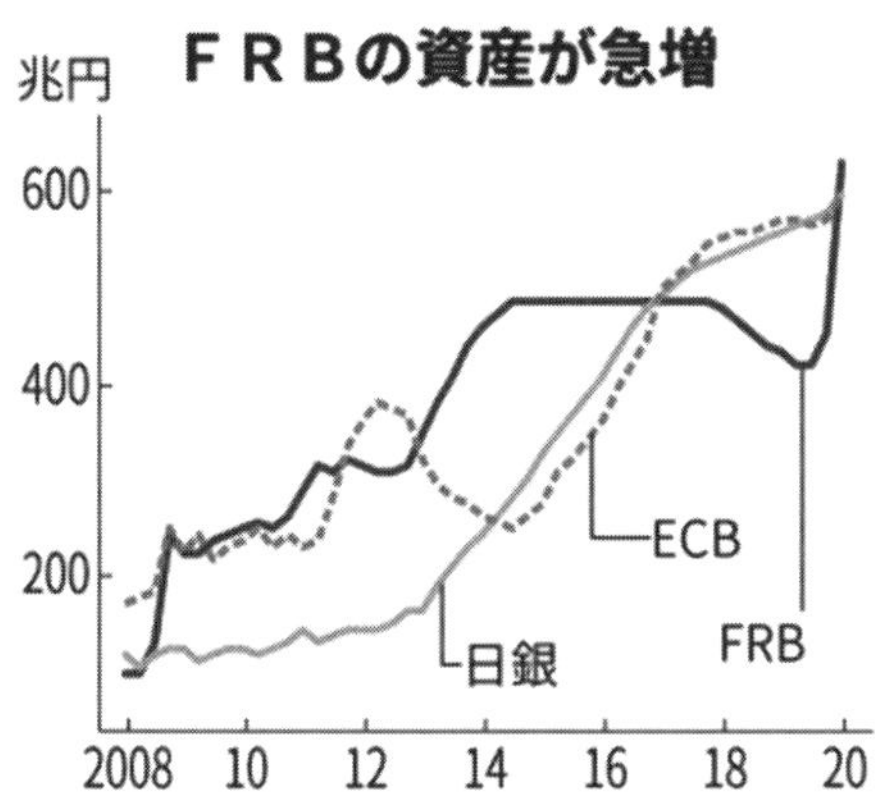

資料：日本経済新聞　2020 年 4 月 3 日

後ほど詳しく書くが、中央銀行が大量に抱え込んだ金融資産が、バブル崩壊などで巨額の評価損となったりすると、通貨の信認も揺らぐ。つまり、インフレに直結しかねない。

注目したいのは、黒田総裁就任後の日銀における、とりわけ超積極的な総資産の拡張ぶりだろう。金額ベースでは米欧に並ぶ財務の拡大となっているが、経済規模でいうとまったく見合わない突出ぶりである。

日本のＧＤＰに比べ、米国は約４・１倍、ＥＵは約３・８倍の経済規模である。それなのに日銀の総資産額は米国・ＥＵと肩を並べているのだ。この突出ぶりは異様であり、いずれ大きな反動を食らうことになろう。

金融資産買い取りなどで、中央銀行の財務が膨れ上がっている。ということは、それだけ多くの資金を供給し、また大量に紙幣を刷っているわけだ。

大量に供給されたものの価値は下がる。それが経済のイロハのイである。そう、お札の価値がどんどん下がっているのだ。

これまた経済の常識で、お金の価値が下がれば、モノやサービスの値段は上がる。つまり、インフレを招くことになる。

緊急時を乗り切った後が問題

パンデミック騒ぎで人々の生活、そして世界経済がＳＯＳを発している。この段階では、ありとあらゆる対策を講じることが最優先である。

前例のない規模での経済対策費の投入も、中央銀行による大量の資金供給も、とにかく実行に移す。一刻も早く人々の生活を平時にまで戻すのが先決で、後でどのような問題が起こるかを議論している時間などない。

コロナ問題の撲滅と、早急な生活再建や経済の立て直しは急務である。それに対し、われわれ長期投資家はなんの異存もない。むしろ、どんな協力ができるかだ。できることは、なんでもしたい。

たとえば、本格派の長期投資家としての行動は、「経済の現場へ、リスクマネーを供給する」ことである。それは、いつも以上にやっている。

生活者からみて欠かせない企業の株式が、パンデミック騒ぎで大きく売られているのだ。それをみて冗談ではないよと、どんどん応援買いをしている。

すでに、今年の3月からはじまった株価の棒下げ局面でも、ボクシングでいうジャブを入れるように買いを入れている。下がるたびに、軽めの買いを次から次へと入れてきているのだ。

どこまで下がるかとか、この先どうなるかといった評論家業で、時間潰しなどしない。「企業は頑張っている、ここは応援買いを入れなくては」で、どんどん行動する。それが、本格派の長期投資家の真骨頂である。

もちろん、逃げたりもしない。感染がどこまで広がるか予測もつかないとか、世界経済がマイナス成長に陥るからリスクを回避しようとかで、買いを見送るなんてことはしない。断固たる応援買いを、資金ある限り続ける。

応援といっても、気合いだけで買っているわけではない。実は、本格的な長期投資のしっかりとした背景があるのだ。

経済合理性で、パンデミック騒ぎを考える

われわれ長期投資家の真骨頂は、いつでも10年ぐらい先までを一括りにして読み

込んでおこうとすることだ。読むといっても、経済合理性をベースにして将来どのような展開となっていくかを推測するのだ。

経済合理性をベースとして？　そう、経済活動はすべて需要と供給でもって説明できる。そして、需要と供給の均衡点で価格が時々刻々と決まっていくわけだ。

その時々の需要と供給の力関係で、価格は上がったり下がったりする。それが次の経済活動を誘引する情報となる。これを、市場価格情報という。

時として、需要あるいは供給のどちらかが大きくなりすぎて、市場価格が一方に偏ったりする。買われすぎたり、売られすぎたりという現象だ。そのような時は、その強い現象が永久に続くかのような熱気や悲観に、マーケットが支配されることにもなる。

しかし、**どんなに強い偏りの現象でも、その背後ですこしずつ反対方向へと振れ戻るエネルギーが蓄積されていく。それを、カウンターバランスという。**

そういった、カウンターバランスの小さな芽生えを、いち早く感じ取る。そして、その後の展開を推測して、さっさと行動に入っていく。それが、長期投資家の読みである。

行きすぎたものは、どこかで必ず戻ろうとする。このごく自然な反動、つまりカウンターバランスだが、いってみれば当たり前のことである。**この自然体のバランス作用を経済合理性が働いたという。**

さて、価格変動に戻ろう。価格というものは、純粋に経済活動だけで動くわけではない。しばしば政治・社会変動・地政学的リスク・気候変化・天変地異・パンデミックなど、いろいろな要素がからんでくる。

そういった**経済以外の要素が、市場価格に大きく影響を及ぼす時は、経済合理性の働きをわきへ押しのけてしまう。**その時の社会ニーズや人々の関心が、市場価格の形成に大きな影響を及ぼすのだ。

現時点でいうなら、パンデミック騒ぎで人々の生活基盤が崩れていくのを、なにがなんでも阻止しようとすることだ。そして、ガタガタになっている生産供給体制を立て直すこと、それを最優先課題としている。

経済合理性を云々する前に、この非常事態への緊急対応が求められているわけだ。そのためには、あらゆる政策を動員して、資金をふんだんに投入していくことを社会は求めている。

おそらく、1年ほどはそれこそ前例のないほど大規模な経済対策資金の投入や中央銀行による大量資金供給が続く。そして、それらの資金は人々の生活や経済の現場にどんどん吸い込まれていく。

そういった段階では資金の需要がすこぶる高く、財政資金の投入や中央銀行の資金供給はいくらあっても足らないほどである。それが、この段階での経済合理性を超えた社会の要望である。

バブル化は避けられない

今回のパンデミック騒ぎでも、戦争や大きな災害からの復興を急ぐ時と同じような展開で、経済活動は徐々に平時の姿に戻っていく。

そこから先だ。いろいろな問題が噴きだしてくるのは。

まずは、感染抑止で人の動きがなくなり、経済はストップしてしまった。経済の現場でお金がまわらなくなって、生活資金を含め資金ニーズが急拡大した。それで、資金はいくらあっても足らない状態になった。

ところが、経済活動の復活にともなって、お金も経済の現場で再生産されだす。そして、経済の中でグルグルとまわりはじめる。それは、通常の経済活動であり、その段階まで戻ってくるわけだ。

そうなってくると、つまり事態が落ちついてくるにつれて、大量に供給された資金があまりはじめる。そう、**お役ご免となった資金が今度は経済の現場あちこちで発生しだす**のだ。

資金が供給過剰となってくるや、速やかに金融を引き締める政策に転じるのが理想である。しかし、あまりに早急な資金引き揚げは、ようやく立ち直ってきたばかりで、まだヨチヨチ歩きの経済の足をすくいかねない。

政策当局がためらっている間に、次の働き場所を求めて余剰資金はさっさと動きだす。これは、マネーの本性であって、ちゅうちょもためらいもない。

マネーが新しい働き場を求めて動きだすと、ふたつの側面をみせてくれる。ひとつは、経済活動の拡大発展に貢献する側面だ。ベンチャー企業などを輩出する資金源となったりで、経済の新境地を切り開いてくれる。

もうひとつは、余剰マネーが株式市場や不動産市場に流れ込んで、株価や商業用不動産の価格を押し上げる。それが資産効果を生んで、個人消費や企業の投資意欲を高める。これも、経済の拡大発展に大きく貢献する。

そのあたりまでは、まだ経済合理性に則った展開である。なにしろ、それなりに需要と供給をベースとした経済活動が続いているのだから。問題は、そこから先である。

経済活動が活発化していくにつれて、マネーの回転がどんどん早くなり、経済の現場からも資金余剰が生まれてくる。現場からの余剰資金が、緊急事態ということで大量供給された資金に、どんどん上乗せされだすのだ。

その結果、経済の現場で必要とするよりも、はるかに多くの余剰資金が生まれてくるわけだ。すると、行き場のないマネーは投機化しだす。

マネーが投機に走りだすと、もはや経済合理性など無視もいいところとなる。需要と供給の均衡点で市場価格が決まっていくなんてことは横へ置いて、「儲かりそうだ、それ行け」と皆が買い群がる。

それがバブル化である。

今度のバブルは巨大、かつ短命で終わろう

そろそろ、パンデミック後に焦点を当てよう。感染拡大阻止や外出制限はたまた都市封鎖（ロックダウン）といった非常事態が収まって1年もすれば、世界経済は正常の軌道に戻っていることだろう。

そして、それほど間を置くことなく、バブルが再燃しだすと思う。前にも書いたように、リーマンショック後の金融緩和政策による金あまりバブルは、もう崩れかかっていた。ちょうど熟柿が落ちるように。

ところが、せっかくバブルが崩れはじめたところで、パンデミック騒ぎとなった。1930年代の世界恐慌に匹敵するマイナス成長とかで、もうバブルが崩れるどころではなくなった。

世界中あちこちで、人々の生活ベースが奪われてしまった。生活基盤の再建やら経済活動の復活は、すべてに優先する全世界的課題であるのは間違いない。一刻も早く、元に戻す必要がある。

元に戻す？　そう、感染拡大が収まってくれれば、世界の経済活動は急速に復活しはじめる。世界中あちこちで生活基盤の立て直しが急がれるから、１年もしないうちに元の水準にまで戻る。ここまでは経済再建である。

そこで人間は満足しない。経済ベースの立て直しが一段落すると、すぐさまより多くの儲けと、さらなる成長を求めだす。それが人情というものである。

しばらくは経済の拡大発展の好循環が続くが、そのうち大量に供給されて余剰となってきたマネーが、実体経済を煽りはじめる。経済の健全なる発展といった姿を押しのけて、張りボテの景気拡大を追求しだすのだ。

つまり、パンデミック騒ぎで一時的に棚上げ状態となった、あの金あまりバブルが再燃することになる。

棚上げ状態となったバブルが、再燃するのだ。それも、リーマンショック時をはるかに上回る規模の財政資金の投入と、中央銀行による大量の資金供給を受けてのバブル再燃だ。途方もなく巨額のマネーが暴れるバブルとなろう。

ただし、再燃バブルはそう長く続かないと思われる。一度は崩れかかったバブルだ、パンデミック騒ぎに救われた（？）とはいえ、金あまりバブルの限界はすでにみえはじめていた。

限界？　そう、異常なる金融緩和や大量な資金供給でもって景気を押し上げようとしたマネタリズム政策の限界がみえてきていた。すなわち、さして景気押し上げ効果もないし、物価も低迷したままだ。それが誰の眼にも、はっきりしてきた。

マーケットは、そのあたりを鋭く嗅ぎ取って警戒しはじめた。それが今年の3月はじめの株価暴落につながったわけだ。

パンデミック騒ぎ後のバブル再燃でも、マーケットが一度マネタリー政策の限界を嗅ぎ取った以上、おっかなびっくりのバブル投機となろう。余剰マネーの規模こそ巨大なものの、いつでも逃げられるよう腰の引けたバブルだ。

再燃バブルが短命に終わる要因は、以下の通り。

財政赤字問題が重くのしかかってくる

パンデミック騒ぎが収まり、世界の経済活動も平常に戻ってくるにつれ、各国の財政赤字問題が浮上してくるのは間違いない。

先述の通り、本書執筆時点でも世界は8兆ドル（８６０兆円）の財政投入を発表している。世界のＧＤＰの８・８％にあたる巨費だ。各国政府は、財政をどうやりくりするのだろう。

日本でみると、４月に決まった国民ひとりあたり10万円の現金支給だけでも、およそ12兆円。これは案外と重い歳出となる。

なにしろ、今年度予算が１０２兆円で、税収見込みが63・5兆円だった。そこで生じる38・５兆円の財政赤字に対しては、32・５兆円の国債発行などで賄う予定であった。

ところが、コロナウイルス問題で今年の税収額は大きく落ち込むのは必定。そこへ、国民ひとりあたり10万円の現金支給で12兆円の歳出となるのだ。単純に上乗せしただけでも、日本の財政赤字は50兆円を超す。

実際は、12兆円の財政支出拡大ぐらいで終わりそうにない。これから具体化される緊急対策費に加え、法人税や所得税の支払い猶予などによる税収減が乗っかってくる。今年度の財政赤字幅は跳ね上がろう。

こんな非常時だから、財政のことは後まわしだ。それは、その通りだろう。いまは、国の財政状況をあれこれ問題視するよりも、この危機状態を一刻も早く脱出すべき時である。

しかし、事態が落ちついてくるにつれ、巨額の財政赤字が重くのしかかってくるのは、どうにも避けられまい。果して、これまで同様に新規国債の発行で、一層膨れ上がった財政赤字を賄えるのか。日銀の国債購入による事実上の財政ファイナンスを、さらに加速させるのか。

米国の財政悪化もひどい

一方、米国の財政も予断を許さない。世界各国のコロナ対策費は合計で8兆ドルにのぼる。そのうち米国は2兆ドル強を占めるのだ。

それでなくても深刻だった財政赤字や国の債務残高は大きく膨れ上がる。**図表6**は、日本経済新聞(2020年4月19日)に掲載されたもので、米国の財政悪化の突出ぶりがうかがえる。

また、米国政府の債務残高の著増ぶりも、要警戒である。このままいくと、米政

図表 6　米国の財政悪化と債務残高

・世界最大の GDP を誇る米国だが、財政支出（対 GDP 比）は先進国でも突出して高い
・米国の債務残高は 80 年代からずっと上昇していて、第二次世界大戦時を上回る勢い

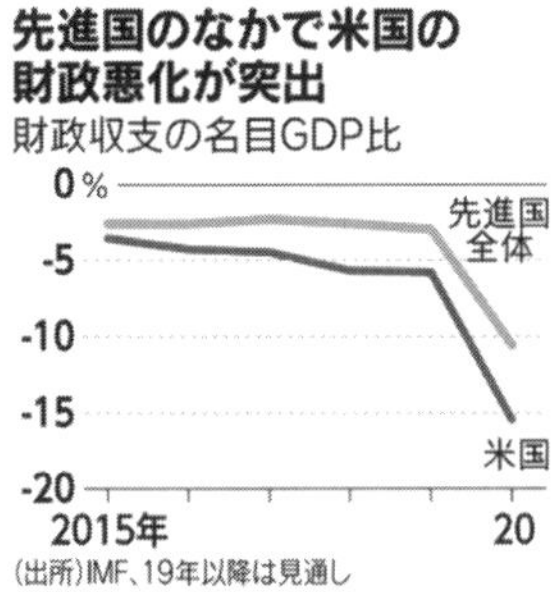

資料：日本経済新聞　2020 年 4 月 19 日

府の債務残高の名目GDP比は第2次世界大戦時を上回ってくることも予測される。世界最大のGDPを誇る米国で、財政支出は対GDP比で15%と突出して高い。また債務残高の対GDP比も、この50年間ずっと上昇してきている。

そういった状況悪化をみる限り、米ドルは相当に安くなって当然のはず。しかし、世界経済は米ドルが中心となって動いていて、世界貿易などの決済通貨としても主役を占めている。

現に、新規に刷られる米ドルの60%強は、そのまま米国外へ流れだしている。実は、米国で最大級の輸出商品はドル紙幣なのだ。つまり、世界のドル需要はきわめて大きいものがある。

世界最大の債務国である米国の財政がさらに悪化する。その米国が刷るドル紙幣が、それもずっと垂れ流し状態にありながらも、世界の貿易決済では主要な役割を果たしているのだ。

この奇妙な図式の意味するところは？　**いずれは、米ドルの減価から世界的なインフレを招く**ということなんだろう。

最後の買い場が到来する

こんな具合で、各国政府の財政は急悪化が避けられない。中央銀行の財務もパンパンに膨れ上がっている。となると、もうおいそれとは財政出動や金融緩和の深掘りとかでバブル資金の追加もできまい。

マーケットは、それを早くも察知していく。そして、ちょっとした悪材料で売りの反応を示す。巨大な余剰マネーで買いが膨れ上がるものの、折にふれてはドドッと売られる展開となっていこう。相当に乱高下の激しい相場動向となろう。

いつの上昇相場でも、バブル高でも、ドドッと買われては大きく売られる振幅の激しい乱高下は、天井が近いことを示唆する。そのうち、売られて下がる度合いが多くなっていき、ついには天井を打つ。

そんなわけで、再燃バブルはそう長くは続くまい。2年もしないうちに、なにかの加減で総崩れとなろう。

今度は本当の総崩れだ。株価暴落も今年の3月の比ではないほどのすさまじさとなろう。

そこは、われわれ本格派の長期投資家にとっては最後の買い場となる。資金のありったけを投入して、買って買いまくろう。

生活者からみて、なくなっては困る企業の株価が大きく売り込まれたら、徹底的に買い向かうのだ。ここで応援買いできなくては、長期投資家の名折れである。

その時まで待って買えばいい？　その方がずっと効率的な投資になる？　そのようにいうのは簡単だが、株式市場のみならず金融マーケットが売り急ぎの修羅場となっている暴落相場で、そうそう買えるものではない。

いまの時点から、すこしずつ買いポジションを膨らませておかないと、最後の買い場で動けはしまい。

企業倒産の連鎖と不良債権の山

3月に崩れかかったバブルも、今度のバブル再燃も、ゼロ金利や大量の資金供給によってもたらされたもの。つまり、金あまりバブルだ。

そもそも金利がゼロで経済が動くわけない。その上、コストゼロの資金をいくらでも借りられる状況下の企業経営なんて、甘えもいいところである。弛緩しきった企業経営が、先進国中心に世界で蔓延していた。

どの企業もコストゼロに近い資金をいくらでも調達できる。これは、企業経営にとって麻薬である。金利コストや返済時を意識しないでやっていける経営など、緊張感に欠け安穏とするだけである。あるいは、図に乗った拡大一本やりの経営に走ってしまう。

また、米国などでは株主の圧力で資金を大量に借り入れて、それでもって自社株買いに走った企業も多い。借り入れコストがゼロに近いからと巨額の借金を企業に強要し、自社株買いをさせては、株価が高くなったところで売り抜けようとする。

なんとも理不尽な株主圧力に、多くの企業が振りまわされたわけだ。**図表7**をみれば、この2年間で米企業の自社株買いが急増したのが、よくわかる。

そういった弛緩した企業経営も、バブル現象の一側面である。株主圧力などもあり、多くの企業が野放図な金あまり拡大経営にブレーキをかけることもなく突っ走ってきた。

図表7　米企業では自社株買いが急増した

・短期利益指向の株主圧力が、自社株買いを強要
・ゼロ金利でいくらでも借金できたから、企業に巨額の借金をさせては自社株買いをさせる
・株価が高くなったところを売り抜けて知らん顔

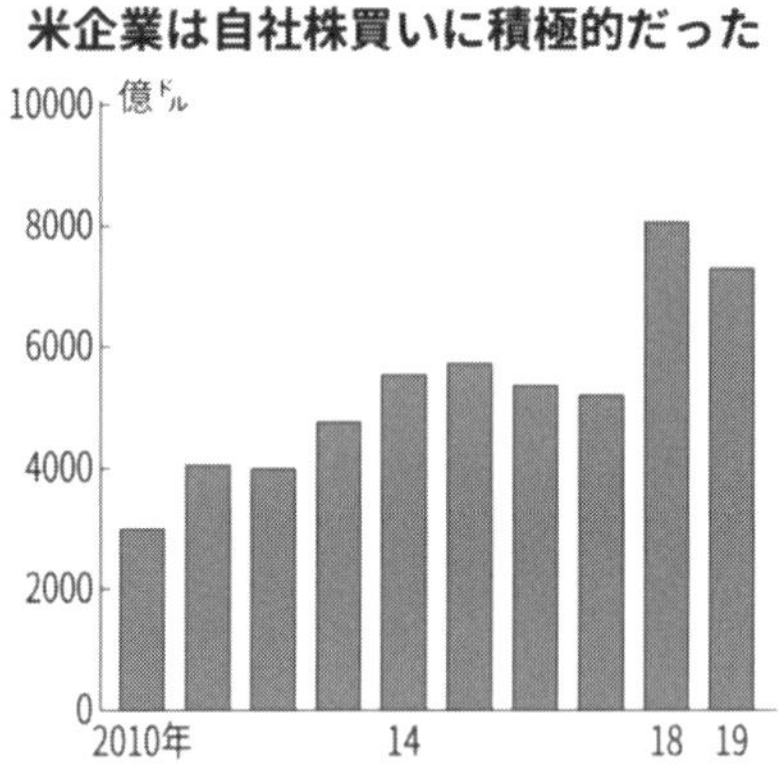

(注)S&P500対象企業の合計
(出所)S&Pダウ・ジョーンズ・インディシーズ

資料：日本経済新聞　2020年4月19日

そんな企業群にバブル崩壊が襲いかかると、収拾のつかない混乱に陥るのは眼にみえている。株価や商業用不動産の下落のみならず、バブルで膨れ上がった資産の多くが価値を大きく下げる。つまり、大きな評価損を抱え込む。

一方、バブル買いのために重ねてきた借金は、まるまる残っている。悪魔のように舌なめずりをしながら待っているのは、債務超過という現実だ。企業にとっては地獄である。

バブル崩壊ともなれば、価値を大きく下げた資産の価格は元に戻らない。そこへ、まるまる残った借金の支払いは情け容赦なく迫ってくる。この二重苦に追いまくられるわけだ。

どう資金を調達しようか？　価値を下げたバブル資産を叩き売ろうとすれば、一層の下げを引き起こす。他の資産を売って資金を捻出するといっても、状況はどこも同じで値崩れを誘うのみ。つまり、一挙に資金繰り難に叩き落とされる。

こうなると大変である。まだ本業がしっかりしている企業なら、本業からの収入を当てれば、なんとか借金を支払っていける。

といっても、バブルが崩壊した後でも、そこまで余裕のある企業はそう多くない。

ほとんどの企業は借金地獄に、のたうちまわることになる。

しばらくすると、お手上げとなった企業が続出しだす。債務超過でニッチもサッチもいかなくなり、経営破たんをきたすのだ。相当に大きな社会問題となるが、もうどうにもならない。

信用収縮とバランスシート不況

バブルに踊った企業が相次いで債務超過に陥ってくると、銀行経営にも黄信号がともりだす。融資していた企業が経営不安に陥ったり、返済猶予を求めてくる。その先では融資が焦げついたり、不良債権化する懸念が高まってくる。

そうなると、銀行の経営基盤が揺らぎだす。貸付金の回収を急ぐ一方で、新規の融資には慎重になる。それは、経済全体の信用が一気に収縮することを意味する。

再燃バブルがはじけて、それまでのマネーの動きや企業活動に急ブレーキがかかった。世界の経済活動も縮小均衡に陥っている。マネーのニーズも、マネーの供給すなわち信用供与も一気にしぼむ。

これを信用収縮という。経済活動はガクーンと落ち込む。かといって、新たに資金を供給しても、バブル企業を救済する方向で死に金となるだけだ。

第2章で書いたように、日本のバブル崩壊で８５０兆円を超す資金が、バブル企業や銀行を潰さないとする政策方向で消えていった。まったくをもって後ろ向きの資金投入で、日本経済の再生になんのプラスにもならなかった。

あの当時、バランスシート不況といわれたが、それは**図表8**に示した状況をいう。企業は大きな評価損を抱えて債務超過に苦しむ。銀行はそういった企業への不良債権で、経営基盤が揺らぐ。どちらも身動きがとれない状況に追い込まれてしまっている。

そうなると、景気は一段と落ち込むから、さらなる企業倒産を引き起こす悪循環となる。

再燃バブル崩壊による企業倒産や不良債権問題、そして信用収縮に陥った。それに対し、各国政府や中央銀行も火の車となっている。もう打つ手なしである。

考えたくもない事態だが、世界経済はそこまで荒れるしかないのだろう。

図表８　バランスシート不況

・バブル崩壊で多くの企業が巨額の評価損を抱えた
・資金を融資していた銀行は貸付金がこげつき、それが不良債権となった
・企業が破産すると銀行も連鎖倒産する
・それはマズイということで、銀行に公的資金注入

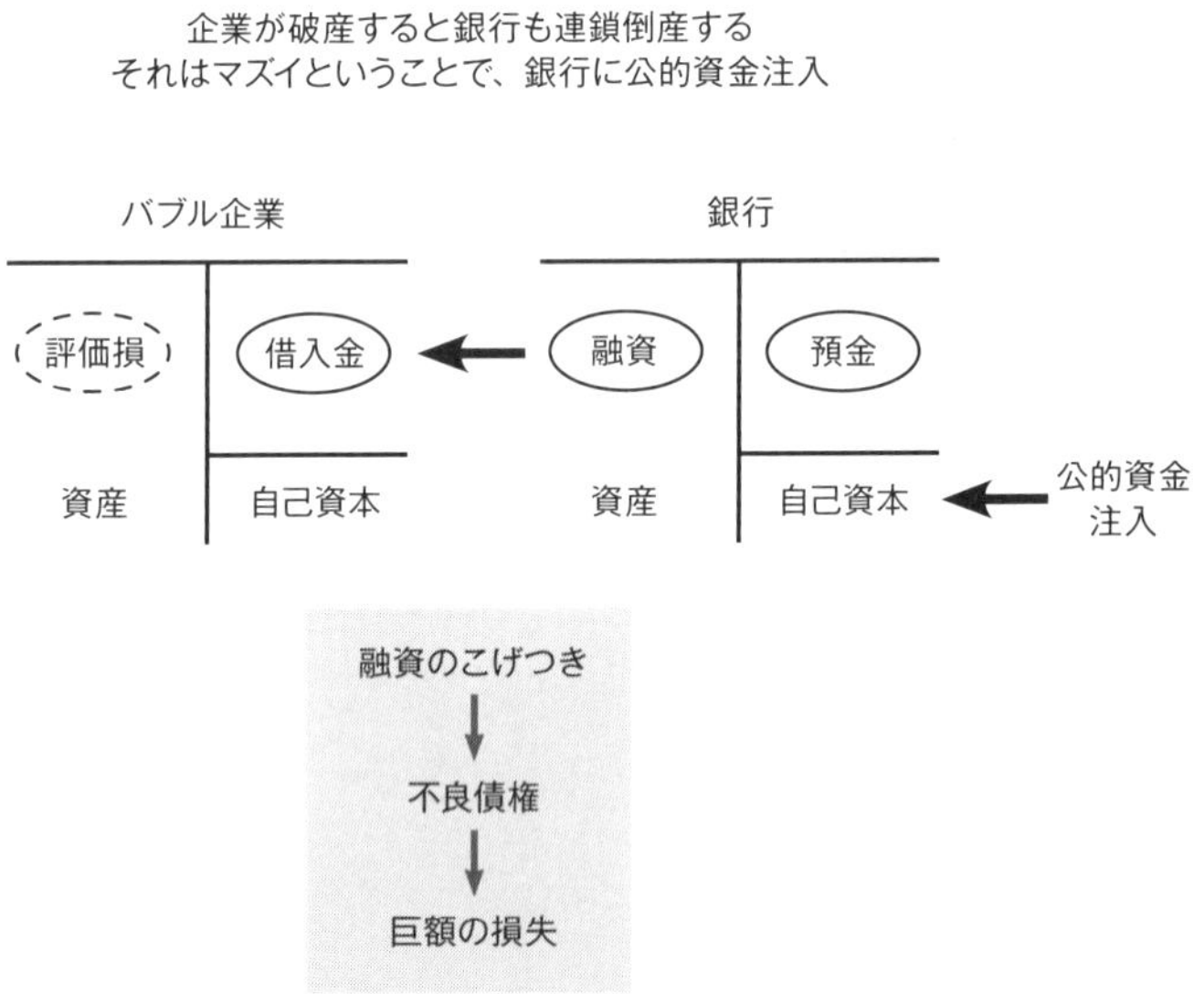

第4章まとめ

・前例のないほどの大規模な経済対策と中央銀行によって大量供給された資金は、人々の生活や経済の現場にどんどん吸い込まれていく。

・事態が落ちついてくるにつれて、大量に供給された資金があまりはじめる。お役ご免となった資金があちこちで発生しだす。

・やがて行き場のないマネーが投機化しだす。途方もなく巨額のマネーが暴れるバブルとなろう。

・各国政府の財政悪化が避けられず、マーケットは悪材料に敏感になる。再燃バブルは短命に終わり、その後の株価暴落と信用収縮で、世界経済は大荒れとなろう。

第5章

もうインフレへ直行するしかない

マーケットは激しい乱高下から総崩れへ

パンデミック騒ぎが収まり、経済活動が戻ってくると、金あまりバブルは再燃する。タガが外れたような大量の資金供給もあって、強烈なバブル買いとなろう。

だが、そう長くは続かないだろう。バブルは再燃するものの、株価をはじめとしてマーケットは幾度となく暴落局面に襲われるからだ。

乱高下が激しくなると読む背景は？　各国政府や中央銀行がリーマンショック以来ずっと推し進めてきた金融緩和政策だが、もう限界に近い。マーケットは、それを読み込みはじめている。

その先触れとして、この3月から株価が大きく売られる展開が繰り返し続いていた。あれは、まさに金あまりバブルの崩壊を示唆していたわけだ。

ところが、新型コロナウイルス問題がパンデミック騒ぎとなった。世界経済がマイナス成長するという危惧から、先進国中心に各国は緊急対策を発動した。金あまりバブルの崩壊どころか、過去に前例のない大規模な資金供給に打って出た。

いまは、パンデミック不況をどう乗り切るかに、世界の関心が集まっている。だが、マーケットは別の現実にも眼を光らせている。

すなわち、各国の財政負担は相当に重くなっているし、中央銀行の財務も異常に膨れ上がっている。どちらも状況は悪化するばかりだと、マーケットは認識を高めているのは間違いない。

したがって、パンデミック騒ぎが収まって、世界経済が急回復の途についてくるや、ふたつの現象が混在したマーケット展開となろう。

ひとつは**余剰マネーが暴れだして、株価などを猛烈に買い上げる展開**だ。これは、いつの景気回復でもみられるバブル現象である。

もうひとつは、**リーマンショック以来の金融緩和政策の限界を、マーケットが意識しだすことだ。**それでマーケットは、いつ襲来してもおかしくないバブルの反動に対する警戒心を高め、ひんぱんに売りを誘うことになる。

ふたつの現象が混在したバブル再燃となるから、株価などが大きく買われたり、激しく売られたりを繰り返すことになろう。昨年までの買えば上がるといった単純な金あまりバブルとは、まったく違う展開となる。

再燃バブルは激しい乱高下を繰り返しているうちに、すこしずつ勢いを失っていくだろう。そのうち徐々に売りが優勢となっていき、下げの幅も次第に大きくなる。そして、どこかで総崩れとなる。

それでも財政負担は増え続ける

いずれ再燃したバブルもはじける。その時は通常のバブル崩壊と同じように企業倒産が相次ぎ、銀行の不良債権や貸し渋りが社会問題化する。日本はもちろん世界各国でも、急激な信用収縮とバランスシート不況に襲われよう。

先進国はもちろん、世界経済も大荒れとなろう。それに対し、各国はまたぞろ財政支出拡大と中央銀行による資金供給が求められるものの、今度はそう簡単にはいかない。やたらと重苦しい問題が浮上してくる。

そのあたりを、順を追って整理しながらみてみよう。「これまでの政策は、もはや限界だ。もうどうにもならない」ということが、はっきりと認識できるはず。

リーマンショック後、「金融をどんどん緩和し、大量に資金を供給すれば景気は良くなる。物価も上がり、名目成長率は高まる」とするマネタリズム政策を世界各国はどんどん深掘りしてきた。その効果は、ほとんどみられなかった。

唯一、金あまりバブルで株価などがどんどん高まり、それに乗じた企業や家計は資産効果を享受してきたぐらいだ。それが、米国では資産などを持てる層へ富が集中し、低所得層との二極化が激しく進む現象となっている。

ともあれ、金あまりバブルや再燃バブルに乗って野放図にビジネスを拡大してきた企業は、バブル崩壊とともに巨額の資産評価損を抱えることになるのは避けようがない。債務超過で経営破たんに陥る企業も続出しよう。

また、そういった企業へ積極的に融資したり、社債などを購入してきた銀行など金融機関は不良債権と評価損の山に苦しむことになる。新規融資の余裕もなくなり、与信業務の絞り込みを余儀なくされる。

これが急激な信用収縮となる。またバブルに乗じてきた多くの企業が、評価損の解消に追いまくられて積極的な拡大経営どころではなくなる。多くの企業がボロボロになった財務を抱えることで、バランスシート不況にも襲われる。

急激な信用収縮やバランスシート不況に直面し、国としては放置できない。といっても、すでにコロナ不況対策で各国の財政は相当に悪化しているし、中央銀行の財務も異常に膨れ上がっている。

それでもなんとか対処しようとすれば、各国の財政悪化はさらに深刻化する。膨れ上がる一途の財政負担は、さらなる国債発行で賄うしかない。となると、国債発行残高はどんどん加速して積み上がっていくことになる。

もうすでに国債の発行残高は大きく積み上がってしまっている。それでも、さらに発行し続けなければならないのだ。となれば、それなりに発行金利を引き上げないと誰も買ってくれなくなる。それは、経済合理性からいって当たり前の話。

やむを得ず国債の発行金利を引き上げると、それだけ財政負担が大きくなる。それはそのまま、さらなる財政悪化と国債発行増加につながってしまう。

悪循環のドロ沼だ。

いよいよ財政ファイナンスか

発行金利の上昇を避けるには、中央銀行に国債を買ってもらうしかない。といっても、新規に発行された国債の中央銀行による直接引き受けは、どこの国でも法律で禁じられている。インフレに直結するからだ。

そこで、日銀がやっているのは、市場を通して国債を購入するというクッションを置く方法である。新発国債を一度、金融機関に引き受けてもらい、それを日銀が購入するというステップを踏むことで、事実上の財政ファイナンスをずっと続けているわけだ。

そのステップをもって、政府当局は財政ファイナンスではないと主張している。しかし、**どう表現しようと財政ファイナンス、つまりインフレへの道を爆走しているのは間違いない。**

米ＦＲＢの恐ろしく果断なる金融資産購入も、米政府による国債増発を念頭に置いていると思われる。民間の国債引き受け余力を高めておけば、それだけ政府の国債発行がスムーズとなる。これなども、財政ファイナンスと五十歩百歩である。

主要国の中央銀行はどこまで財務を膨らませられるのか

日銀はじめ米国もEUもリーマンショック後、中央銀行の財務肥大化がずっと続いていた。そこへ、パンデミック不況の景気対策が降ってきて、さらに再燃バブル崩壊による信用収縮対策ときた。金融資産の買い取りをもう際限なく積極化させることになった。

中央銀行が資金を金融市場に供給することは、景気を刺激したり信用の収縮を防いだりするためのものである。それに、日銀がやっている事実上の財政ファイナンスが加わってくる。国の財政運営が苦しくなり、税収など財源不足を日銀が補ってやるのだ。

金融資産買い取りで中央銀行がマネーを大量に供給するのはいいが、買い取り資金はどこから調達するのだろう？　資金調達の裏付けがなければ、中央銀行といえどもなにもできない。

日銀など中央銀行には、通貨を発行するという打ち出の小槌がある。お札を刷るという資金調達の手段を持っているのだ。これはすごいこと。

たとえば、１万円札を刷るのには20数円かかる。ということは、たった20数円のコストで刷った紙幣に、１万円の購買力を持たすことができるのだ。

こんなボロ儲けの商売はない。だから、ニセ札に対しては厳罰が科されるというわけ。通貨発行は国の独占事業として、厳重に管理する。そうしないと、１万円という紙幣の信用を維持できない。

信用を維持できないと、１万円札が１万円として受け取られなくなる。それでは、通貨としての役割を果たせない。だから、国の専売事業として厳しく管理しているわけだ。

もちろん、いくら打ち出の小槌といっても、やたらメチャ大量にお札を刷ることはできない。そんなことしたら、紙幣の刷りすぎで、お金の価値が下がり、インフレを招いてしまう。

そう、国は通貨発行という専売権を持っているが、経済活動の健全なる発展に必要かつ十分な量の紙幣発行に留意しなければならない。少ないと経済がまわらなくなる。多すぎると、インフレを招いてしまう。

さてここで、日銀による国債や株式ＥＴＦ購入による大量の資金供給と、事実上の財政ファイナンスに戻ろう。どちらも、日銀にとっては巨額の資金投入、つまり財務の肥大化である。

では、その資金を日銀はどう調達するのか？　ひとつは、もちろん紙幣を刷ること。もうひとつは、日銀が金融機関から国債を購入した分は、金融機関に準備金として積ませる日銀当座預金という勘定にする方法だ。

なんのことはない、日銀が金融機関から国債を買い取るが、その代金は支払われない。そのまま金融機関に課される日銀当座預金として、日銀のバランスシートに記帳される。

日銀当座預金といっても、日銀のバランスシートでは負債側に記帳される。つまり、国債を購入した先である金融機関からの借金なのだ。実態はツケ買いなんだけど、日銀当座預金という名称となっているのだ。そう理解するとわかりやすい。

つまり、**実際には紙幣を発行せず、ツケで買うような感覚で国債を購入している。そういった「ツケの通帳」も一緒くたにして、日銀の財務はどんどん膨れ上がっているわけだ。**

中央銀行の信用力が低下すると

パンデミック騒ぎによる世界景気の落ち込みに対処しようと、各国は非常事態宣言を発した。リーマンショック時を上回る規模の対策資金の投入と、各国中央銀行による無制限に近い金融資産の買い取りとが、間髪を置かず実行に移された。

各国の財政支出拡大も、中央銀行による金融資産買い取りも、パンデミックからの生活防衛や企業支援で、さらに積み上がるのは覚悟しよう。いまは、人々の生活や経済活動を平常に戻すのが最優先事項なんだから。

とはいえ、各国政府の経済対策にしても財源を確保できて、はじめて可能になる。日本では、日銀が事実上の財政ファイナンスを続けているが、いずれは米ＦＲＢも同様の財政支援を迫られよう。その結果、いつかはインフレというしっぺ返しが襲ってくるのは免れないだろう。

一方、中央銀行による金融資産買い取りによる資金供給も、永久に続けられるものではない。先ほども書いたように紙幣を刷りまくれば、いずれインフレを招いてしまう。それは、歴史の教えるところでもある。

それだけではない。もうひとつのインフレ要因がある。先進国を中心として再燃した金あまりバブルが崩れて、株価や債券価格はじめ金融マーケットが大幅に値下がりすれば、日銀など中央銀行は巨額の評価損を抱え込むことになる。

手当たり次第に買いまくってきた金融資産の価格が下がり、中央銀行が巨額の評価損を抱えてしまうと問題である。中央銀行が債務超過に陥ったとなり、信用力は大きく毀損する。

そうなると、中央銀行が発券しているお札の価値が一気に下がる。お金の価値が下がるということは、購買力の低下つまりインフレを招いてしまうことになる。

大量に紙幣を刷りまくってはインフレを招き、手当たり次第に買いまくってきた金融資産の値下がりによる信用力低下でもインフレを招く。つまり、二重苦の状態でインフレに追いやられるわけだ。

国の財政も日銀も、大丈夫だろうか？

新型コロナウイルス問題を受けて、日本では２０２０年度予算（１０２兆円）を上回る、１０８兆円という巨額の経済対策が発表された。その一部は今年度予算などからやりくりするとしても、大半は新たに資金手当てしなければならない。かなりの部分は、赤字国債の増発に頼ることになろう。

それでなくても、日本は１１１４兆円を上回る国の借金を抱えている（２０１９年度末）。国債の発行残高も１０３７兆円と巨額に積み上がっている。うち、日銀は４８５兆円の保有となっている（２０１９年末、日銀資金循環統計）。そこへ、さらなる上乗せだ。財政運営の綱渡りは一段と厳しくなる。

綱渡り？　そう、今年度の予算１０２兆円に対し、税収入の予想は63・5兆円だった。38・5兆円の税収不足を国債発行などで補う計算だ。こんな状態を、もう20年以上も続けている。恐ろしく綱渡りの財政運営だと思えないか？

一方、日銀の方も財務をリーマンショック前と比べ、5倍にまで膨らませている。毎年80兆円の国債購入や、6兆円の株式ＥＴＦ買い取りと、すさまじい勢いで大量の資金供給を続けてきた。それを、さらに加速させようとしているのだ。

実は、日銀がリーマンショック前と比べ財務を5倍にまで膨らませたが、その大半は日銀当座預金という名のツケ買いである。紙幣を刷るだけではなく、巨額のツケ買いでもって、大量の資金を市中にバラ撒き続けているのだ。

たしかにいまは、インフレのイの字も見当たらない。だが、一度インフレの火が燃え上がれば、もうどうにもならないだろう。日銀は当座預金というツケ買いも含めて、大量の紙幣を増刷りしてきたとみなされよう。

もうひとつ、やっかいな問題がある。日銀のバランスシートつまり総資産は610兆円と、日本のGDPを大きく上回る。米FRBがここへきて金融資産購入を急拡大させているが、それでも対GDP比でみると20数%にすぎない。**図表9**をみれば、日銀の財務肥大化がどれほど異常かは想像できよう。

その膨れ上がった日銀の財務だが、大半は国債保有である。まあ、国債の値崩れ不安は日銀が時価会計しない限り表面化しない。それは横へ置くとして、問題は31兆円も購入している株式ETFである。

株式ETFは時価そのものだから、株価下落はすぐさま日銀の評価損として、マーケットで認識される。これが大きな火種となってくるのだ。

再燃バブルが総崩れとなるや、日銀は巨額の評価損を抱え込んだと、世の中は認

図表９　日銀の総資産は異常に膨れ上がっている

・日銀の総資産は 610 兆円と、日本の GDP を大きく上回る
・米 FRB も、ここへきて総資産を急拡大させているが、それでも対 GDP 比では 20 数％にすぎない

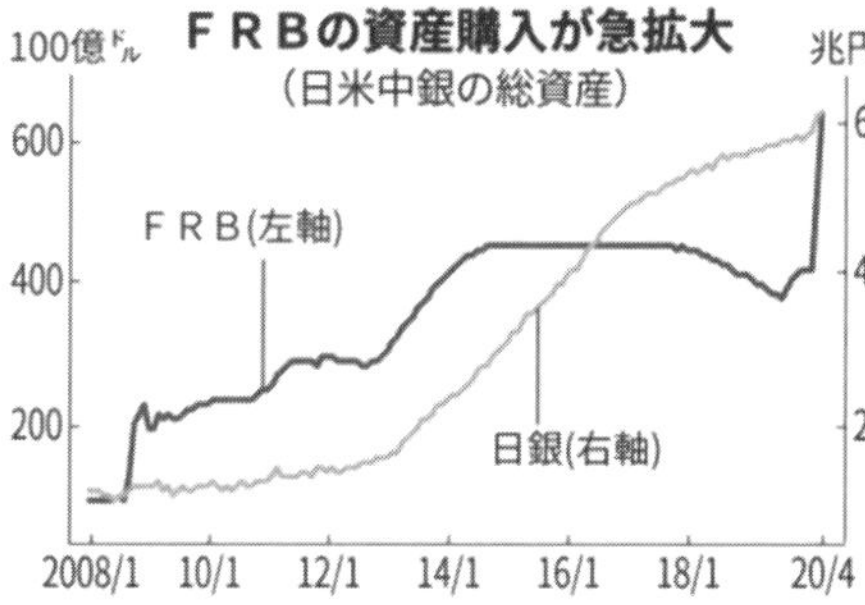

（注）20年4月は日銀が10日、ＦＲＢが15日時点
（出所）ＦＲＢ、日銀

資料：日本経済新聞　2020 年 4 月 21 日

識する。日銀の信用力つまり円紙幣の価値低下は免れまい。

悲惨な債券売りが待っている

いつのバブル崩壊でも同じだが、後には、死屍累々の評価損の山が待っている。バブルに踊り狂った人たちや企業をはじめ、投機家から機関投資家そして金融機関のいずれもが、大きな評価損を抱えて苦しむことになる。

それが信用収縮を招き、企業倒産の多発や金融機関の不良債権が社会問題化する。そのあたりは、前に書いた通りである。

そこから先で、やっかいな問題が待っている。パンデミック不況対策で、先進国中心に財政支出はさらに大きく膨らんだ。そして、各国の中央銀行は無制限ともいえる金融資産の買い取りで、財務を異様に膨らませた。

各国の財政悪化と国債増発、それに中央銀行の財務肥大化が一気に進んだ。そこへ、再燃バブル崩壊による巨額な資産評価損の山が押し寄せてくるのだ。今度は文字通り修羅場である。

各国政府も中央銀行も、無理に無理を重ねてきた。再燃バブルが崩壊しても、企業や銀行救済に打てる手はもうほとんど残っていない。今度こそは事態の悪化を放置することになる。

政策の関与がないとなれば、バブル崩壊の後始末は経済の現場に委ねるしかない。ここが大事なところである。経済の現場では一時的に大混乱となるが、落ちつくところに落ちついていく。そう、経済合理性が働くのだ。

再燃バブル崩壊で、株式はもちろん債券も売られている。債券が売られれば、金利は上昇する。最初はジャンク債から売られ、そのうちあらゆる金融商品が売られ、最後は国債の売りにまで行ってしまうだろう。

債券市場での売りが一度はじまると、もう一方通行的な売りが集中する相場展開となるしかない。これは悲惨である。

債券価格は常に金利と逆連動する。ひとつの債券が売られて値を下げると、その債券の利回りは上昇する。**債券利回りの上昇をみるや、瞬時に他の債券にも売りが出て、同じ利回り水準に吸い寄せられる。**

一度この債券利回り上昇の動きが出るや、たちまち横へ連鎖していき、あらゆる

債券の売りを誘ってしまう。債券利回りの上昇が、さらなる売りを誘い債券価格はどんどん下がっていく。逆に、債券利回り全般はあっという間に上昇していく。

これが、債券相場の一方通行的な崩れである。

国家財政に赤信号

債券利回りが急上昇すると、新規の国債発行にも影響が及ぶ。上昇した利回りに合わせた金利を付けないと、誰も買ってくれなくなる。つまり、国債の発行コストが一気に跳ね上がってしまうのだ。それだけ財政への負担が大きくなる。

そうなると、一層の国債増発を余儀なくされる。つまり、国の財政運営でますます国債依存度が高まるわけだ。

国は今年度の当初予算でも、32・5兆円の国債新規発行を予定していた。それに、満期償還した既発国債の借り換え分として、108兆円近い額の国債発行額が加わるのだ。それを合計すると、今年度は153兆円あまりの国債発行となる。

ゼロ金利の現在は、これだけ巨額の国債発行でも金利負担は、ごくわずかな金額で済む。しかるに、債券利回り全般が上昇に転じるや、たちまち国庫負担は重くなる。

たとえば、債券利回りが３％に上昇すると、153兆円の国債発行で４・６兆円の金利負担となる。５％に上昇すると、年に７・６兆円の利払い費だ。その分だけ財政赤字が拡大し、新規の国債発行額も膨れ上がることになる。

国債の発行金利は上昇しない、なぜなら日銀が国債を買うから。そのように、政府当局は言い張るかもしれない。たしかに、日銀が事実上の財政ファイナンスで国債発行の全額を購入していくのなら、ゼロ金利に近い国債発行も続けられよう。それでもって、長期金利の上昇を押さえ込めるかもしれない。

しかし、それは幻想である。債券利回り全般が上昇すれば、どの国債保有者も利回りがゼロ同然の国債（価格は高い）を売って、より高利回りの債券（価格は安い）に乗り換えようとする。つまり民間サイドから国債売りが殺到するわけだ。

国債売りが殺到すれば、国債価格は急落し長期金利は急上昇する。いくら日銀が長期金利を低く押さえ込もうとしても、民間の国債売りつまり市場金利の上昇は止められない。

えっ、日銀が民間からの国債を全部買い取ってしまう？　それをやった日には、価格が下落している国債を大量に買い込むことで、日銀の財務悪化は決定的になる。

もう、インフレにまで行ってしまうしかない

再燃バブル崩壊に戻ろう。各国の中央銀行の方もパンデミック騒ぎでタガが外れたように大量に買い込んだ保有資産の評価損で、財務は大きく劣化してしまった。通貨の番人である中央銀行の財務劣化は、発行している通貨の信用度を下げることを意味する。つまり、お金の価値が下がって、インフレの芽が膨らんでくるわけだ。

そこへ、債券利回りが急上昇してきて、国の財政悪化とさらなる国債増発という悪循環のスパイラルに入ってしまった。もうそうなると、インフレの火が燃え上がるのは時間の問題となる。といっても変則的なインフレの到来だ。

最初は再燃バブル崩壊による信用収縮や資産デフレで、世界の経済は大混乱に陥る。それで景気は落ち込み、物価も低迷する。

そんなところへ、インフレの火が燃えだすのだ。つまり、お金の価値だけが下がり、不況下のインフレみたいなものになる。すなわち、スタグフレーションといった様相を示そう。

スタグフレーション下では景気が悪く物価はそのままで、お金の価値だけがストーンストーンと下がっていく。いってみれば、悪性インフレの状況を指す。経済活動は停滞し、誰にとっても嬉しくない経済現象である。

そんなスタグフレーション下でも、人々の生活が続いており、そこから新しい動きが必ず出てくる。経済は生き物といわれているが、まさにその通り。ずっと停滞したままでいることはない。

お金の価値が下がっているということは、より価値のあるものに変えておこうとする動きが出てきても、おかしくはない。

はじめのうちは物価が低迷しているから、なにを買って良いのか漠然としている。そのうち、なにかしらの値上がりを確認しだすと、そちらへ向かって買いは一気に集中する。そういった買いが徐々に横へ広がっていく。

あるいは、お金の価値が下がっていくのを見越して、あちこちの経済の現場で

「より多くの受け取り金を要求する」ようになる。**これをコストプッシュインフレといって、本物のインフレ到来の号砲である。**

このふたつの動きが高まっていくにつれ、一部でモノの値段が上がりだす。また、サービス価格なども上昇をはじめる。その流れが横へ広がっていくにつれ、経済活動全般が活気を取り戻し、物価全般も上昇していく。

気がついたら、スタグフレーションを脱していた。景気も良くなっていた。そういった実体経済の現場から自然と立ち上がってくる活気こそ、われわれ長期投資家がしっかりと狙いを定めている展開である。

ただ、異常なまでの金融緩和と資金バラ撒きによって、お金の価値は下がってしまっている。ごく自然体で立ち上がってきた経済活動に乗って、そのまま本格的なインフレにまで行ってしまうのだろう。

ひどくお金の価値を下げてしまった以上は、一度すごいインフレにまで行ってしまわないと、世の中は収まらないだろう。

大量に供給されたものは値段が下がる。これは経済の大原則である。

第５章まとめ

・日銀は二重苦の状態に追いやられよう。すなわち、大量に紙幣を刷りまくって財政を実質的にファイナンスしていることと、金融資産の値下がりによる信用力低下、これによるインフレ招来だ。

・問題は日銀が購入している31兆円もの株式ＥＴＦで、株価下落はすぐさま日銀の評価損になる。これが大きな火種となろう。

・一度債券売りが出ると、たちまち横に連鎖し、さらなる売りを誘う。債券利回り全般が上昇する一方通行的な崩れになる。

・景気悪化で物価は上がらず、お金の価値だけが下がる悪性インフレ（スタグフレーション）となる。やがて立ち上がってきた経済活動に乗って、本格的なインフレまで行ってしまう。

第6章

金融の時代が終わる時にわかる、恐ろしい現実

40年越しの過剰流動性、そのはじまり

21世紀に入ってからというもの、世界経済はマネーに翻弄され続けて今日までできた。マネーといっても、過剰なる資金供給がもたらした投機マネー、つまり**ホットマネー**のことだ。

ホットマネーを生みだすことになるのが過剰流動性である。この問題は、1973年11月の第一次石油ショック、そして79年末から80年にかけての第二次石油ショックにまで遡る。

戦後ずっと1バレル3ドル以下だった原油価格が、突如として10ドル11ドルに引き上げられた。それが、あの第一次石油ショックだ。次いで、第二次石油ショックでは1バレル30ドルから34ドルへと跳ね上がった。

エネルギー価格が10倍から11倍へと急騰すれば、経済活動はもちろんのこと、世界中の人々の生活はズタズタにされる。そして、世界は猛烈なディスインフレに襲われた。

ディスインフレ？　非産油国つまり世界中ほとんどの国が、原油価格の急騰でマイナス成長と不況に叩き落とされた。

ところが、エネルギー価格など一部の商品の値段だけはインフレで急上昇していった。それで、不況下のインフレつまりディスインフレに、世界中ほとんどの人々が苦しむことになった。

これは大変なことになったと、各国はありとあらゆる景気対策に走った。とにもかくにも高騰した原油代金を確保すると同時に、財政支出を総動員して経済を立て直さなければならない。これが、世界的な過剰流動性のはじまりである。

石油ショックの痛手は強烈で、世界経済は長く低迷させられた。米国が公式に景気回復を宣言したのは、１９９２年8月のことである。なんと、19年近くも尾を引いたわけだ。

日本経済は当時すこぶる元気だったから、2度のショックとも2年ちょっとで克服した。これは世界経済でも例外中の例外だった。

景気低迷とディスインフレが長く続いたが、それでも90年代に入ると世界経済には明るさがみえはじめてきた。

その頃までは、景気対策に大量投入されたマネーも、経済再建に向けて実によく働いてくれた。過剰流動性のカの字も出てこなかった。

ホットマネー化

ところが、経済活動が回復軌道に乗ってくるにつれ、先進国中心に各国で大量に投入された資金はあまりはじめる。働き場所を失ったマネーが経済の現場からあふれだしたのだ。

そこからだ、経済の現場からあふれだしてきた余剰資金が運用先を求め、一部はホットマネー化しだしたのは。お金というものは、いつも働き場所を求めて止まない。それがマネーの本性である。

たまたま米国など先進国の債券や株式市場は、1980年代はじめから尻上がりの上昇に入っていった。NY株式市場は82年8月から上昇に転じ、2000年はじめまでの17年半でなんと15倍にもなった。

債券市場は83年に入ってから、長期金利の低下にともなって、長い上昇相場の途についた。それから今日に至るまでの37年間、世界の債券相場は崩れらしい崩れもなく、ずっと上昇を続けている。

その背景には年金マネーがある。主として先進国においてだが、国民年金の制度が整備されて、加入者も積立て額も急増しだした。積み上がってきた年金マネーが、世界最大の運用マネーに躍り出て、債券や株式を買いまくってきた。

これはいいぞと、ホットマネー化した過剰流動性は、我も我もと債券や株式市場になだれ込んでいった。それで、債券価格も株価も面白いようにブッ飛んで高値追いしていったわけだ。

そのような状況下、当時の世界の政策運営者は「過剰流動性は、できるだけ早い段階で吸い上げないと危険だ、バブル化する」という見識で一致していた。

そこで１９９０年代半ば頃には、「景気も良くなったし、そろそろ金融の引き締めに入るべし」という政策方向が、各国で取り沙汰された。

そんな折、１９９７年頃から「コンピューターの２０００年問題」というのが、懸念材料として浮上してきた。２０００年への移行で、世界のコンピューターが誤作動を起こしたら、経済の現場はもちろんのこと交通や通信などあらゆるところで、マヒと大混乱を引き起こしてしまう。

そうなったら大変である、事前に資金を経済の現場に大量に供給しておくべしとなった。それで、金融を引き締めるどころか、逆に過剰流動性を高める方向に世界は走った。

過剰流動性にブレーキがかからなくなった

無事コンピューターの２０００年問題はクリアしたから、今度は本気で金融の引き締めにかかろうとなった。そこで起きたのが、２０００年3月からのＩＴ関連株や情報通信バブルの崩壊である。ＮＹ株式市場はじめ、世界の株式市場は大きく下げた。

株価暴落などお構いなしで、世界はホットマネーの解消に向かった。たとえ株価が下げたところで景気に影響はない。それよりも、過剰流動性を解消しなければならないで世界は一致していた。

ところが、２００１年9月に米国で同時多発テロが発生。これはマズイことになった。世界同時不況になるということで、先進各国はまたぞろ大量の資金を経済の現場に供給した。

それから後は、もはや「過剰流動性は危険だ、一刻も早く解消すべし」といった見解を聞かれることはなくなった。

それどころか、当時のグリーンスパン米ＦＲＢ議長が「根拠なき熱狂」と語ったように、マネーの暴走にブレーキをかけようがなくなった。そしてそのまま、マネーが経済をリードするような風潮が定着していった。

それが「金融の時代」という流れになったわけだ。**もとはといえば過剰流動性にすぎないのに、あたかもマネーが新しい富を生んでいるかのような錯覚が金融マーケットから経済全般へと広がっていった。**

実際、先進国を中心にして、**「金融を緩和し大量に資金を供給しさえすれば、景気は良くなり成長率も高まる」とするマネタリズムの考えを押し通してきた。**これなんぞも、過剰流動性の延長線上で育まれてきた、マネー至上主義の論理に他ならない。

マネー至上主義の限界が、今年の３月からの株価暴落ではじまりかかったバブル崩壊である。パンデミック騒ぎで前例のない規模の資金投入をすることになったが、それは緊急対策にすぎない。

パンデミック騒ぎが一段落すれば、金あまりバブルは本格的な崩れに入っていこう。そこで、世界は「マネーの時代の終焉」を実感することになろう。

金融緩和と資金バラ撒きで、経済は成長するのか?

かなり前から、米国はじめ先進国ではマネタリストという人たちが経済運営に大きく関与してきた。彼らの間では、金融を大幅に緩和し、資金を大量に供給すれば、景気は上向き経済は成長すると信じられてきた。

金利を引き下げて、経済の現場に資金を大量に供給すれば、経済活動は活発化するという論理だ。たしかに、企業経営サイドからすると、低コスト資金をいくらでも借りられるというのは、なんともありがたい。

そうはいうものの、マネタリストたちの政策を取り入れた先進国では、期待したほどには景気が上向いてこない。インフレ目標とかいって、2%の物価上昇を目指してきたが、さっぱりである。

そんなはずはないということで、金融緩和をどんどん深掘りしていって、ついには政策金利をゼロにまで引き下げた。資金もこれでもかこれでもかと、バラ撒き続けた。

それでも、大した成果はみられない。ずっと2％のインフレ目標を掲げ、それでもって成長率を嵩上げしようとしてきたのに、頼みの物価は遅々として上昇してこない。

唯一といっていい資金バラ撒きの効果は、商業用不動産と金融マーケットがバブル高したことだ。先進国の商業用不動産や債券・株式市場では、すごい金あまりバブルとなっている。

経済活動の拡大発展を目論んだはずの金融緩和政策だが、商業用不動産や金融マーケットにおいてのみ大きく花開いた。なんのことはない、投機マネーと化しただけのこと。

それどころか、とんでもない悪循環を生みだしてしまった。

株安阻止が、唯一の景気対策？

商業用不動産市場がバブル高し、株価もずっと上値追いを続けたから、米国などでは途方もなく大きな資産効果が生まれた。それが米国の個人消費を高めることで、経済成長にそれなりの貢献をしている。

そうなってくると、不動産市場はそこそこ安定しているとしても、株式市場での大きな株価値下がりはなんとしても避けたい。株価の大きな下落は資産効果を薄め、個人消費にマイナスの影響を及ぼす。

だから、米国政府や政策当局は、株価下落は絶対に認められない。なにがなんでも食い止めなければと躍起になるわけだ。

これは、おかしな話である。**過去に前例のないほどの金融緩和で、金あまりバブルを醸成してきた。その資産効果が、いまや米国経済を支えている。だから、バブル高している株価が下がっては困るという論理だ。**

つまり、株式のバブル高をなんとしても支えよう、そのためには一層の金融緩和も辞さないというわけだ。本末転倒というか、**なんとも質の悪い景気下支え**である。トランプ政権も、大統領就任以来のすごい右肩上がりの株高を、自身の政策の成果と胸を張ってきた。これなども、株高による資産効果が米国経済の下支えの役割を果たしてきたことを雄弁に物語っている。

本書でずっと指摘しているように、「そんなもの、金あまりバブルによる、張りボテの景気にすぎない」ということだ。中身はないし、バブルがはじけたら一気に縮んでしまう類いの、なんとも薄っぺらな米国の景気である。

ひどい社会格差を生んでしまった

商業用不動産や株式などを持てる層は、金あまりバブルに乗って資産効果をたっぷりと享受してきた。といっても、それは今年の2月までのこと。

このあたりは、**図表１**（27ページ）をみれば一目瞭然である。トランプ政権となってからのすさまじい株高で、その資産効果のほどが知れよう。

ところが、この3月からの株価暴落では、すべてを帳消しにしてしまった。株価はトランプ就任以前の水準にまで下がってきた。つまり、これまでの資産効果とやらが、きれいさっぱりと消え去ったわけだ。

一方、金あまりバブルとは縁のなかった米国人は、ずいぶんと多い。しばしば、10％ほどの米国民だけが株高の恩恵を享受しているといわれる。つまり残り90％の米国民の大半はバブル高の資産効果景気とは縁がなかったことになる。

その人たちの中には、ＩＴ化やデジタル社会の波に乗れない人もいて、どんどん低所得層化が進んでいる。それが社会問題となって広がっているというわけだ。

最近とりわけ懸念されているのが中産階級の没落で、米国の将来にとっても由々しき問題とされている。昔から、健全なる中産階級の存在こそ米国の良識といわれてきた。その伝統が崩れていくのは残念なことである。

日本も異次元の金融緩和をしてきたが

日本はもっと悲惨である。１９８０年代後半のバブルがはじけた90年以降、日本経済はもう30年にわたってジリ貧と長期低迷に喘いでいる。

その間、95年9月に超低金利政策へと踏み切ってからというもの、世界に先べんをつけて金融緩和政策を深掘りしてきた。7年前に登場した黒田日銀総裁は、自ら異次元の金融緩和と唱えて、すさまじい資金供給をはじめた。

国債を毎年80兆円も買い取るとか、株式ＥＴＦも当初は毎年6兆円の購入だったが最近は12兆円に増額をした。直近の統計でみると、日銀はこれまで国債を４８５兆円（短期国債を除く、２０１９年末）、そして株式ＥＴＦを31兆円も購入している。

先進国どこの中央銀行をみても、短期国債の保有はあっても、長期国債や株式ＥＴＦの保有なんて考えられない。まさに、日銀は異次元の金融緩和を深掘りしているわけだ。

さて、それで、一体どれだけの効果があっただろうか？　長く続いたデフレ現象は、たしかに収まってきたかにみえる。しかし、黒田総裁が就任以来、大みえを切ってきた2％インフレは、まったくの遠い目標に終始している。

経済成長はというと、なんともお粗末な数字に留まっている。そもそもからして、**通貨の番人である中央銀行に景気対策を委ねることからして、おかしな話である。景**

気対策は政府の役割であって、中央銀行の仕事ではない。

これが日本のみならず、米国など先進国でも手を染めているマネタリズム政策の成果（？）である。金利を限りなく引き下げ、資金を大量に供給すれば景気は良くなると信じられてきた。しかし、さっぱり効果は現れてこない。

再燃バブル崩壊で、世界経済は大荒れとなる

パンデミック騒ぎで、各国はリーマンショックを上回る規模の対策費の投入に踏み切った。ＩＭＦによると、世界全体では8兆ドルを超す金額だ。すごい金額の緊急対策費は、さしあたっては実体経済の下支えとして大きな働きをしよう。

問題はその先、事態が収まって世界の経済活動が正常化しだしてからだ。必ず余剰マネーが発生し、それがバブル化する。

異次元の金融緩和も、そろそろ打つ手がなくなった。それを察知したマーケットは本能的な警戒心から、売りの反応を示す度合いを高めよう。そういった売りが断続的に続くにつれて、売り方の圧力は勢いを増していく。

その売りが、再燃バブルを突き崩すきっかけとなる。だから、バブルといってもそう長くは続かないだろう。**パンデミック騒ぎが収まって1年ほど、長くても2年ぐらいで崩れだす**と思われる。

おそらく、その頃から各国の財政悪化が、せっかく回復の途に入ってきた世界経済の足を引っ張りはじめることになろう。今度は、本当にきついことになる。世界経済は大荒れとなろう。

どういうことか？　いまは、コロナウイルスの感染拡大の阻止と、大きく痛んだ経済のテコ入れで、あれこれ抜きの対策資金投入が優先される。

各国政府・中央銀行は救済資金の捻出で、あらゆる非常手段を講じよう。さすがに、この段階では財政の悪化など構っていられない。国債発行など国の借金を増やすことなど、まったくかえりみずに対策資金を調達することになる。

ということは、事態が長引けば長引くほど財政の悪化が進み、国の借金が増加していく。また中央銀行の財政も異常に肥大化している。その重みを、マーケットはずっと注視している。

さすがに非常時が続く間は、パンデミック阻止と経済のテコ入れに、マーケットも協力的である。しかし、緊急事態が収まってくるや、不合理をついてくるのがマーケットである。

不合理をついてくる？　そう、各国政府や中央銀行は無理に無理を重ねてきた。**「そういった無理は、もう限界だ」ということを、マーケットは思い知らせようとして次々と仕掛けてくる。**

まず、株価暴落を手はじめに、再燃バブルを潰しにかかる。株式はもちろん、ジャンク債その他の低格付け金融商品、商業用不動産やら一般社債まで、売りの連鎖が広がっていく。

すると、資産価格下落による巨額の評価損や債務超過の問題が、企業経営を圧迫する。銀行など金融機関は投下していた資産の評価損と融資案件の不良債権問題に追いまくられる。それで、経済活動全般に信用収縮が襲いかかる。

企業倒産が多発し、金融機関の信用不安も浮上してくる。大量失業が社会問題となる。

そういった展開となっていっても、国や中央銀行にもはや打つ手は残っていない。

それどころか、国は財政赤字悪化と借金の重みに喘いで、いよいよ身動きが取れない。もう国債発行どころではない。

中央銀行は無制限の金融資産購入をしてきた結果、保有資産のあちこちで不良資産化や評価損の拡大に苦しんでいる。発券銀行としての信用劣化で、インフレ懸念も急浮上してきた。

ここまでの過程のどこかで、国債も値崩れをみせはじめよう。それは長期金利の急上昇を招く。長期金利が上昇しはじめたら、本書でずっと書いてきた一連の展開が、一気に加速する。それで、経済全般は大荒れとなる。

大荒れは、日本はもちろんのこと先進国、そして世界中に波及していこう。

経済合理性が働いただけ

世界はとんでもない混乱に襲われるわけだが、そこには人為というものはまったく介在していない。ごく自然の展開である。

先ほどの一連の展開のどれも、勝手にはじまった動きばかりである。「この株高、ちょっと買われすぎだ。早めに売っておこうか」ぐらいではじまった株価下落が、他のバブル高していた金融商品に連鎖していった。いずれも、「このバブル高、いつかは崩れるだろう」といった潜在意識を突いたから、容易に連鎖売りを誘うことになった。

バブル高が崩れれば、多額の評価損やら不良債権問題が発生するのは当然のこと。それが信用収縮や企業倒産につながっていったところで、もはや国も中央銀行も身動きが取れなくなっている。それで経済は大荒れとなる。

どれもこれも、ごく自然の展開で連鎖していったにすぎない。先に、マーケットが仕掛けたと書いた。**実は、経済合理性が働いただけのこと。**

経済はすべて需要と供給で動いているといっていい。人々の毎日の生活と、それを支える企業活動とが合わさって経済となっていくが、すべて需要と供給で説明できる。

そこに人間の欲がからんできて、需要が膨らみすぎたり供給過剰になったりする。とはいえ、行きすぎれば、その反動が発生する。それらの行ったり来たりが景気変動である。

景気変動も、行きすぎれば戻ろうとする経済合理性が働いた結果である。需要と供給の力関係で自然と調整されていく。

ところが、マネイリズムとかで貨幣をふんだんに供給すれば経済は動く、成長率も高まるといった考え方が出てきた。それに先進各国の為政者は飛びついた。

マネーの大量供給で経済成長率を高められる。この理論を追求したのがマネー至上主義である。それでもって経済運営してきたものの、行きついたところが世界的な金融バブルであり、リーマンショックであった。そして、今回の再燃バブルだ。

再燃バブルが崩壊して、世界経済は大荒れとなってしまった。**この大荒れこそが、マネー至上主義との決別の号砲である。**世界経済がまともな姿に立ち戻っていくためには、避けて通れない道である。

大荒れの中から、健全なる世界経済の姿がみえてこよう。そのあたりは、後の章で詳しく書こう。

その前に、再燃バブルが崩れ世界経済が大荒れとなっていく様子を、ひとつずつみてみよう。

債券売りと金利上昇

いつのバブルとて、永久には続かない。熟柿が落ちるように、どこかで自然と崩れだす。再燃バブルも、金融緩和の限界を察知してマーケットでは警戒感を高めだす。そして、いずれは大崩れとなっていく。

すると今度は、巨額に膨れ上がった財政赤字と国の借金に対し、その解消をマーケットは迫ってくるのだ。

異次元の金融緩和といえば聞こえはいいが、野放図に資金をバラ撒いただけのこと。やたらとバラ撒いた資金でもって、金あまりバブルを醸成してきた。そのバブルが崩れだしたのだ。ひどいことになる。

こんな展開となろう。**まずは、ささいな変化に対しても感度が高く、先見性のある株式市場が大崩れに入る。それがジャンク債や一般債券そして他の金融商品の値崩れへと連鎖していく。社債利回りが急上昇し、マネーが一気に収縮しだす。**

信用収縮がはじまるや、経済の現場で現金確保のニーズが一気に高まってくる。それをみて、金融マーケットは総売りの修羅場となっていく。そこまでいくと、いよいよ国債にも売りの手が及んでくる。

国債が値下がりをはじめると、市場金利は急上昇に転じる。なぜなら、市場金利の上昇が国債はじめ債券全般の売りを呼び、それが一層の債券利回りの上昇を誘う、悪循環のサイクルに陥ってしまうのだから。

そう、債券市場というのは、いつも一方通行的な動きとなる。債券相場が一度崩れると、あっという間に総崩れとなって、債券利回りは急上昇する。それが市場金利の上昇となって横へ広がっていく。詳しくは、後ほど書こう。

インフレが待ち構えている

そのあたりからだ、問題がややこしくなるのは。債券売りからはじまって国債売りにまで発展すると、市場金利は有無をいわさず上昇していく。それが長期金利の上昇を招き、国の財政運営や中央銀行の財務を直撃するのだ。

日本でみてみよう。今年度予算１０２兆円に対し、税収は63・5兆円を見込んでいた。不足分の38・5兆円は財政赤字となって32・5兆円の国債発行で賄うとしていた。

ゼロ金利政策のおかげで、32・5兆円の国債発行もそれほど金利負担とはならないと気楽に構えていた。実のところ、満期償還した国債の借り換えとして108兆円近い国債発行を予算編成に組み込んでいる。合計すると、153兆円が今年度の国債発行額だ。

ところが、長期金利が上昇に転じるや、153兆円もの国債発行は結構な金利コストの負担となってくる。長期金利が3%に上昇すると年間4・6兆円、6%で9兆円もの利子支払いとなる。

日本の場合、毎年30兆円台の新規国債発行で財政赤字を賄ってきた。そこへ借り換え債の発行を加えると、市場金利すなわち長期金利の上昇による利払い負担は雪ダルマ式に膨れ上がっていくことになる。

一方、日銀は国債保有を495兆円にまで高めてきた（2019年12月末現在）。株式ETFも31兆円の保有だ。それらが、長期金利の上昇や株価下落で、巨額の評価損を抱え込むことになる。

金融機関には時価会計を課しているが、日銀は簿価会計である。したがって、保有国債や株式ＥＴＦの値下がりも、評価損として計上しないから大丈夫と国や日銀は言い張るかもしれない。

そういった小手先細工は、金融マーケットのみならず社会でも通じない。巨額の評価損を日銀が抱えているのは、誰の眼にも明らかである。

それは、日銀の財務劣化であり日銀券の信用低下と受け取られる。お札の価値が下がる、つまりインフレの火が燃え上がるわけだ。

パンデミック不況で、世界経済はマイナス成長とデフレに陥るといわれている。それは、いま現時点での経済観測にすぎない。

各国が懸命に経済再建に走るから、いずれは世界景気の回復からバブル再燃、そして金あまりバブルの崩壊となろう。その先に、インフレが待ち構えているわけだ。

まずは悪性インフレ、そして本格的なインフレへ

お金の価値が下がり、インフレの火が燃え上がるといっても、当初は不況下のイ

ンフレとなろう。これをディスインフレという。

不況下のインフレ？　そう、再燃バブルが崩壊すると、しばらくは経済の現場が混乱し、経済活動も低迷する。なかなか活気が出てこない中で、インフレだけが進行する。それを、不況下のインフレ、つまり**ディスインフレ**と呼ぶ。

お金の価値が下がっているから、本来ならモノやサービスの値段が大幅に上昇するところ。ところが、経済活動がいまいち低迷している中でインフレとなってきたから、生活へのしわ寄せは大きい。

一般的にインフレというと、好況時の物価高を指す。その状態が過度に進行すると、つまり物価が高追いしすぎると、インフレに一般生活者が苦しむ状態となる。

ところが、ディスインフレの場合は、景気が悪く所得の伸びがないのに物価だけが上がっていく。一般生活者へのしわ寄せがどうしても大きくなる。

所得の伸びがないから、企業の方も個人消費つまり需要の増加をあまり見込めない。売り上げの伸びも鈍い。同じインフレでも、悪性インフレと呼んだ方が良い状態となる。

通常であれば、景気が良くなってきて、給料も上がり物価も上昇しはじめる展開となっていく。それを好景気といって、万人が願うところである。

ところが、中央銀行である日銀の財務悪化で、お札すなわち日銀券の価値が下がってしまっている。そんな状況下、人々は現金で持っているよりはモノに変えておこうとする。

モノに変えておくといっても、世界経済が大荒れしている。お金の価値は下がっているが、さりとて「なにを買って良いのか」で人々は迷う。

したがって、はじめのうちは一部のモノから買われだして、じわりじわりと価格が上がっていく展開となろう。それが横へ広がっていって、次第にインフレ感が高まっていく。

もうひとつは、お金の価値が下がっているから、それを見越した代金の増額支払いを求められる。この現象が経済の現場あちこちにみられるようになると、インフレも加速しだす。これを、**コストプッシュ・インフレ**という。

そんな展開で、インフレの火はじわじわと燃え広がっていく。ディスインフレといっていたのに、いつの間にか物価も人件費も上がりだしてきた。

そうこうしている間に、景気もすこしずつ良くなっていく。つれて、家計所得も伸びはじめる。そこから先だ、本格的なインフレに突入していくのは。

ハイパーインフレにまで行ってしまうのか

これだけ野放図に金融を肥大化させてきたのだ、大量にバラ撒いたお金の価値が下がるとなると、その値下がりも半端ではなかろう。

つまり、一度インフレの火が燃え上がったら、相当にひどい状態にまで行ってしまう可能性が高い。

それをもって、ハイパーインフレと呼ぶかどうかは別として、経済や社会に大きな影響を及ぼすのは間違いない。**歴史的にみても、猛烈なインフレが襲ってくると、年金生活者は困窮するし、預金者は財産を大きく目減りさせる。**

それは、どうにもならない。年金の支給額はそう簡単に増えない中、物価つまり生活費がどんどん上がっていくのだ。高齢者層の生活は一挙に苦しくなる。

預金者も後生大事に抱え込んできた現金資産の購買力が、みるみる下がっていく事態に直面する。お金の価値つまり預貯金の資産価値が激減する形で、貯め込んできた富を失ってしまうわけだ。

一方、インフレで喜ぶのは債務者、つまり借金を抱えていた人たちだ。お金の価値が半分になれば、１００万円あった借金も返済負担額は半分の50万円となる。なにもしないうちに、インフレで50万円の負担が消え去ってくれたわけだ。これはありがたい。

インフレで最大の利益享受者は、あえていうまでもなく１１１４兆円もの借金を抱えている国である。借金の重みが一気に軽くなる。

かりに、お金の価値が半分になれば、実質的な返済負担額は５５７兆円となる。今年の税収入予定額63・５兆円の８・７年分だ。

日本の指導層は、このインフレ利得を狙って異次元の金融緩和やらの滅茶苦茶をやってきたのか？　どこかで、そういった意識はあるのかもしれないが、現実はそう甘くない。

国には、恐ろしい現実が待っている

インフレで国の借金は大きく目減りすると同時に、長期金利の急上昇で財政運営が極端に厳しくなる。もう20年も30兆円を超す赤字国債の発行で財政赤字を賄ってきたが、それが可能だったのはゼロ金利政策を押し通してきたからのこと。

ところが、長期金利の上昇で、これからは金利コスト負担が乗っかってくる。新規発行する国債が32・5兆円もある他に、108兆円に近い借り換え債にも、長期金利上昇による利子負担が上乗せされるのだ。

今年の予算で国債費は23・5兆円となっている。それが、金利上昇であっという間に30兆円35兆円へと急増する。それは避けようがない。

国の税収予定額63・5兆円と比較してもわかるが、この負担額は相当に厳しいものがある。それだけ財政赤字は膨れ上がるし、それを賄うための国債発行額もさらに増加する。

そうこうしているうちに、1037兆円ある国債発行額（日銀資金循環統計、2019

年末）が、順次満期償還を迎える。その都度、新規発行と借り換えのため発行する国債は、長期金利の上昇を反映したものとなる。その結果、利払い負担は加速的に増加していく。

インフレによる国の借金目減りが早いか、その前に長期金利上昇にともなう利払い負担に押し潰されるのか、国の財政運営には眼が離せない。

第６章まとめ

・通貨の番人である中央銀行に景気対策を委ねることからして、おかしな話である。景気対策は政府の役割であって、中央銀行の仕事ではない。

・世界はとんでもない混乱に襲われるが、そこに人為の介在があるわけではない。経済合理性が働くだけのことだ。

・大量にバラ撒いたマネーの価値が下がるとなると、その値下がりも半端ではない。猛烈なインフレが襲ってくると、年金生活者は困窮するし、預金者は財産を大きく目減りさせる。

・インフレによる最大の利益享受者は、１１１４兆円もの借金を抱えている国である。

第7章

インフレの嵐を経て

インフレの怖さ

いつの頃からか、世界はインフレという表現を、ずいぶんと気軽に使うようになった。たとえば、実質成長率1・5％の上に2％くらいのインフレが乗っかってくれば、3・5％の経済成長率を達成できるといった具合に。

あるいは、日銀の黒田総裁による異次元の金融緩和も、2％インフレを目標に突っ走ってきた。デフレ現象から2％インフレにまで持っていったら、その先はどうなるのか？

うまく2％で止まってくれるのか。本当に、インフレの火がついてしまうのではないか。1970年代のインフレを実体験している筆者は、あれこれ考えさせられたものだ。

昔はインフレといえば、「物価の大幅値上がりで、生活が脅かされる状態」を意味していたはず。先ほどの例でいえば、「経済は3・5％成長したが、そのうち物価上昇分は2％だった」といった表現が一般的だった。

したがって、ある程度の物価上昇をともなって経済が成長するのは歓迎である。しかし、物価高騰で生活コストが跳ね上がってしまうインフレは、ご免被るというのが社会一般の通念だった。

ともあれ、インフレという表現を気楽に使うようになった現在、本格的なインフレに対しても甘く考えすぎてはいないだろうか。本物のインフレの怖さというものを体験していない世代が多くなったこともあるのかもしれない。

本物のインフレ？　直近では、１９７３年11月の第一次石油ショック時だ。戦後ずっと１バレル３ドル以下だった原油価格が、突如10ドルから11ドルへと引き上げられた。

ある日、突然にエネルギー価格が3倍以上に高くなってしまったのだ。世界中の石油消費国が泡を食って原油確保に走った。同時並行で、国内の物価がすっ飛ぶように上昇しだした。すさまじいインフレだ。

世界中でインフレの火が燃え広がった。それが原油価格を一層押し上げることになった。79年末から80年にかけての第二次石油ショックで、１バレル30ドルから34ドルにまで跳ね上がった。

生活も企業経営も一気に苦しくなる

一方、インフレ到来となっても、給料の方はそう簡単には上がってくれない。サラリーマンの場合、**給与全般のインフレ調整は1年ほど遅れるから、その間のやりくりに四苦八苦する。**生活者のほとんどが、インフレの怖さを思い知らされる。

インフレによる生活コストの急上昇に直面して、人々は預貯金を取り崩してでも生活を維持するか、困窮生活を強いられるかしかない。多くの人々は相当に預貯金を食い潰すことになる。

企業は企業で、エネルギーコストや原材料費は急騰したのに、製品価格に上乗せするには取引先企業との交渉が待っている。そう簡単には値上げできない。それで利益率はガクンと下がる。

エネルギー価格は急騰したのに、企業間では値上げがマチマチで、なかなか浸透しない。総じて経営が苦しくなる。それもあって、サラリーマン全般の給与もなかなか上がらない。

一方、**生活コストだけは情け容赦なく上がっていく。**社会全体に、ひどい混乱が引き起こされる。

本物のインフレ下では、物価がどんどん上がっていくのに、給料つまり収入の増加が、まったく追いつかない。生活を維持するには、ここぞという時のための蓄えを放り込むしかない。

ところが、お金の価値がどんどん下がっていくので、蓄えの残高はみるみる減っていく。先行きの生活不安が一気に高まる。

これが、本物のインフレの怖さである。

今度やってくるインフレは

さて、今度やってくるだろうインフレは、どんな形となっていくのだろう。どんな形とは、どういうことか？

通常のインフレは、ひとたび火がつくと、一気に経済全般へと燃え広がっていく。石油ショック時も原油価格の高騰で即座に電力やガス料金、そして公共料金が引き上げられた。

そこから先は、あっという間に価格引き上げの連鎖が、経済活動のあらゆる現場へと伝播していった。一番遅れたのが、サラリーマンの給料であって、給与全般がインフレ対応するまで1年ほどかかった。

今回は、ちょっと様相が違う。**五月雨《さみだれ》式にインフレの火があちこちで燃え上がって、すこしずつ横へ広がっていく展開となろう。**教科書的な、パッとインフレの火が燃え広がるという形ではないと思う。

そう考える理由は、3つある。

第1は、今年の3月に崩れはじめたあの金あまりバブルにおいても、世界経済はいまいち低調な状態にあった。物価の上昇もきわめて鈍かった。その背景には、中国を筆頭にして**世界的な供給過剰問題**が横たわっている。

中国の鉄鋼設備の異常なる過剰はつとに有名である。中国発の価格低下圧力は、世界の鉄鋼業界を低採算に追いやるなどして悩ませ続けてきた。自動車にしても、年間で2500万台ほどの中国国内の需要に対し、年産能力は4000万台にも達しているという。

世界的な供給過剰問題を考えると、今回のインフレもそう簡単には起こらないと思いたくもなる。最近の原油価格の急低下もそうだが、需要がまったく追いつかず生産者は青息吐息である。

第2の物価低下圧力としては、世界経済のグローバル化による、**低賃金労働の供給**が引きも切らさないことだ。すこし前までは中国が世界の生産基地となっていたが、いまやベトナムやバングラディッシュといった国々が、より安い労働力を背に急速に台頭してきている。

日本の外国人労働者の受け入れ枠大幅増加も同じ流れにある。世界中から低賃金労働者がどんどん供給されるということは、世界経済のコスト上昇を抑制する働きをする。これまたインフレとは真逆の方向である。

第3は、**ＩＴ化とかデジタル革命とかの進展**だ。生産の現場や流通部門はもちろん一般事務業務でも、ずいぶんと効率化が進んでいる。イノベーションによる生産性の向上ということだが、これもインフレに大きくブレーキをかけてくる。

それでも、インフレ到来は必定と読む

たしかに、世界経済を見渡す限りにおいては、インフレのイの字も見当たらない。むしろ、最近の原油価格の急落が示すように、デフレ圧力がかかりやすい状態にある。

そこへ、パンデミック不況ときた。人々の生活基盤が失われ、経済活動もあちこちでストップしてしまった。失業者が急増し、米国の大恐慌時を連想する報道すら出ている。

問題は、そこからなのだ。パンデミックの感染抑止と経済対策で、各国は大盤振る舞いの財政投入に踏み切った。一方、パンデミック騒ぎで税収は大きく落ち込む。二重の意味で財政悪化は避けられない。

米国や日本などでは、財政赤字が相当に拡大する。それを賄うための国債発行は大幅に増額される。国の借金はますます膨れ上がることになる。

非常時だからと財政支出の急拡大を国債発行で賄うのはいいが、その国債を誰が

買うのか？　日本で日銀がやっている事実上の財政ファイナンスを、米ＦＲＢや欧州中央銀行もやることになるのか？　それは、完全にインフレ直行である。

一方、各国の中央銀行も無制限の金融資産買い取りなどで、財務は大きく膨れ上がっている。お札もじゃんじゃん刷っている。金融マーケットの急変などで買い取り資産の一部にでも評価損などが発生すれば、即座に中央銀行の信用劣化問題となる。これもインフレ材料となる。

そうなのだ、**世界経済の現場からというよりも、各国の財政や中央銀行のあたりからインフレの火がつくのだろう。はっきりしているのは、お金の価値が下がるということだ。**

お金の価値が下がるとなると、人々は現金をなにか他のモノへシフトさせようとする。あるいは、お金の減価を見込んで、受け取る代価としてより多くのお金を手にしようとする。

どちらの行動も、じわじわとインフレにつながっていく。ただ、一気にインフレの火が燃え上がるのではなく、あちこちから五月雨《さみだれ》式にインフレの火がともりだす。

そして、次第に経済全般へと燃え広がっていく展開となろう。

3年もすれば、インフレも収まっていくが

社会全体にひどい混乱をもたらしたインフレの猛威も、2年ないし3年もすれば次第に収まっていく。

インフレが収まっていくといっても、以前の状態に戻るわけではない。**物価がずいぶんと上昇してしまった。その新しい価格体系の下で、人々の生活や経済活動全般に落ちつきが戻ってくるのだ。**

さすがに社会の混乱は収まってきたが、人々の間では信じられないほどの変化が生じてしまっている。インフレ前とは立場が逆転してしまったケースも、ゴロゴロしていることに驚かされる。

勝ち組というか、インフレに乗れて富を殖やした人たちの多くは、実体経済と共に歩んだという点が共通してくる。

お金の価値は下がっていったが、急騰していく物価になんとかついていったおかげで、インフレに乗れた。インフレが落ちついてみると、勝ち組に収まっていたと

いう人たちだ。

もちろん、われわれ長期投資家も勝ち組として残っている。なにしろ、実体経済から一歩も離れずに、生活者にとって大事な企業の株式を大きく売るたびに、応援買いを続けてきたのだ。勝ち残って当然である。

そんな中、インフレ成金なる者も登場してくる。彼らは物価上昇を見込んで原材料などを安い間に買い占めておき、品薄状態で価格が高騰した時に売り抜けて荒稼ぎする。

石油ショックの時も、商社など一部の企業が社会的批判のやり玉にあげられた。インフレ時には、そういったボロ儲けを狙う輩が跋扈するのは避けようがない。

インフレ到来で、年金も預貯金もボロボロ

一方、インフレの負け組だが、それは年金生活者であり預貯金者だと、昔から相場は決まっている。

生活費は急騰していっているのに、年金給付額は据え置かれる。たとえインフレ

条項がついていても、支給は後追いだし金額的にもわずか。だから、生活は一気に苦しくなる。

いまでさえも、年金は大丈夫だろうかと国民の間でずいぶんと不安が高まっている。それに対し、国は１００年安心とかをいってくれてはいるが、果してどこまで安心していいものか？

昨年の夏に「年金は2千万円ほど不足する」という幻の金融庁報告書問題が飛びだした。その報道で国中が大騒ぎとなったが、国民の間では深刻な問題提起と受け取られた。

そういった年金の現状に対し、インフレという難敵が襲いかかってくるのだ。それも、国の財政がニッチもサッチもいかなくなって発生してきたインフレだ。

年金生活者にとっては、相当に厳しい現実が待ち構えているとしかいいようがない。インフレで年金受給額が目減りするのは眼にみえている。だからといって国の財政は火の車となっているのだ。ひどいことになるだろう。

若い人たちは現役層も含め、まだなんとかなる。いずれやってくるインフレをも乗り切れる長期投資を、一刻も早くはじめることだ。

一方、お金の価値がみるみる下がっていく過程で、預貯金者もインフレに置いてきぼりを食らう。せっかく貯め込んだ虎の子だが、その購買力はストーンストーンと落ちていく。

長く続いているゼロ金利下でも、日本の家計は安全だからといっては預貯金資産を増やす一途だった。日銀速報によると、個人の現金・預貯金残高は２０１９年末で１００８兆円にも達していた。それが、インフレで30％そして40％と資産価値が目減りしたら、どう思うのだろう?

残酷なようだが、それだけ痛い目にあってようやく、日本人の貯蓄信仰に終わりが告げられるのだろう。**明治以来ずっと日本人に植え付けられてきた貯蓄信仰だが、今度こそ吹き飛ぶと思う。**

戦後の預金封鎖で、自分の預金でも引き出せなくなった。その5年の間に物価が１００倍となり、預貯金者は財産を激減させた。１千万円の預貯金が10万円の価値になってしまったのだ。

それでも、その後の高度成長期には年7~8％もの利子がついたので、日本人の貯蓄信仰は不死鳥のように復活した。石油ショック時のインフレも日本経済は２年ちょっとで乗り切ったので、預貯金の目減りは短期間で埋め合わせができた。

しかし、今回は違う。**日本はもう成熟経済に突入してしまっている。「自分も頑張って働くが、お金にも働いてもらう」という経済ステージに入っているのだ。つまり、預貯金から投資運用へのシフトは、もう否応なしなのだ。**

給与収入などの伸びが鈍るのだから、投資運用でそれをカバーしなければならない。そこへインフレ到来で預貯金資産を一気に目減りさせられて、ようやく思い知らされる。

その横で、われわれ長期投資家がインフレを乗り切って、しっかりと財産づくりを進めている。それを目撃すれば、さすがの預貯金オンリーだった人たちも、フッ切れよう。

それでも、まだお預貯金にしがみついている人たちもいよう。その人たちは、ハイパーインフレにでもなったら、もう目も当てられない。

インフレで金利は上昇する

いずれ到来するインフレで、多くの企業も淘汰されるだろう。たとえ、その商売やビジネスがインフレに乗れたとしても、インフレにはつきものの金利上昇という荒波に押し流されてしまうのは避けられない。

インフレとは、お金の価値が下がることだが、金利も上昇するという恐ろしさもあるのだ。

どういうことか？　インフレになってくると商売やビジネスの対価、つまり報酬として現金をもらう時、それなりの金利を乗せてもらわないと困る。なにしろ、お金の価値がどんどん下がっていくのだから、その目減り分として金利を上乗せしてもらわないと損をしてしまう。

別の角度からみてみようか。原材料や商品を仕入れるにあたっても、代金を受け取る売り手としては、インフレに見合うだけの金利を乗せてもらわないと次の仕入れができない。つまり自分が損をしてしまう。

そう、インフレには金利上昇が必ずついてくる。お金の価値が下がるということは、そういうことだ。

金利が上昇するとなると、お店や企業の地力がストレートに問われる。先に書いたパンデミック不況時には、政府の対策資金や、日銀など中央銀行による大量の資金供給で、多くの企業が救済を受けられる。

ところが、そういった非常時を乗り越えて景気は立ち直ってきた。その先で燃え広がってきたインフレと金利上昇だ。今度は誰も助けてくれない。個々の企業が自分で対処していくしかない。

商売やビジネスを展開している現場で金利が上がっていくのだ。金利上昇分を上乗せできるところは、商品やサービスの価格値上げでなんとかやっていける。

もともと、自助自立の意識が高かったお店や企業だ。どのような経済や社会環境の変化に対しても、いろいろ工夫したり対策を講じて生き残っていけるはず。

ゾンビ企業は消え去っていく

一方、国などの補助金や税金頼みの企業、そしてそこに群がるゾンビ企業にとっては、インフレによる金利上昇は厳しい現実となる。頼みとする国も、財政赤字や長期金利の上昇に追われて、いまや補助金どころではない。

昔から、カネの切れ目は縁の切れ目といわれている。国の財政に火がつけば、もうゾンビ企業などに構ってはいられない。日本の政官民に深く巣食ってきた利権や既得権の構造は、根こそぎ取っ払われることになる。

積年の弊害を一掃し、日本経済の浄化というか健全化という点では、大きな一歩となる。そもそも、ずっと日本企業の生産性が低いといわれてきたのも、やたらと多くのゾンビ企業を存続させてきたからだ。

自分の力では食っていけない利権がらみや税金頼みの企業が、日本には信じられないほど多い。族議員とか業者行政とかで指摘される政官民のゆ着も、ゾンビ企業の温床となっている。

そういったゾンビ企業が淘汰というか、片っ端から整理されていくと、日本経済はずいぶんとスッキリしたものになる。日本経済の活力も蘇ってくる。

インフレによる金利上昇で、ゾンビ企業の淘汰が否応なしに進む。一時的に大量の失業が発生するだろうが、これは健全経営で頑張っている企業への労働力の移転となる。

道を踏み違えた、日本の企業救済策

そもそも日本では１９９０年代に入ってのバブル崩壊で、銀行など金融機関や企業を潰してはならじの政策を採った。企業倒産の多発と大量失業の発生で、日本経済はガタガタになってしまう。それだけは食い止めなければという政策発想だった。

本来なら、80年代後半のバブルに踊り狂った金融機関や企業には、経営責任を問うて自分で後始末をつけさせるべきだった。

彼らはバブル崩壊で巨額の資産評価損や不良債権を抱え込んだ。その救済に経済対策予算として、累積すると５００兆円近い予算を投入した。完全に後ろ向きの資金投入であり、死に金となっただけだ。

死に金？　バブル崩壊で生じた資産デフレ、つまり企業や金融機関の評価損は１０６０兆円から１６００兆円の間と見積もられていた。その穴埋めに５００兆円ほどを投入したところで、焼け石に水である。

ひとえに、バブル企業や金融機関を潰してはならじで、大金をドブに捨ててきたわけだ。だから、死に金である。

もし、５００兆円近い予算を前向きに投入していたならば、どうなっていただろう？　粗い単純計算ながら日本経済は１９９２年9月から昨年末までの27年間ずっと年３・６％ほどの成長を続けていたはず。

前向きに予算投入？　そう、バブル企業の救済ではなく、日本経済の拡大発展につながる方向で景気対策をするのだ。

たとえば、あれだけ社会問題となった銀行の不良債権も、旧勘定として経営責任をとらす。場合によっては、裁判所の判断を仰ぎ株主責任をとらす。その横で、預金や資金決済など通常業務は新勘定に移し、資本には公的資金を入れる。

それだけの方向付けで、銀行経営は続けられたし、不良債権問題も短期間で片付いた。銀行の新勘定への資本としても、せいぜい20兆円ほど公的資金を投入すれば済んだはず。

一方、前向きの景気対策としては再生エネルギー開発の分野から、老朽化した社会インフラの整備、ＩＴやバイオなど新産業の育成まで、いずれにも10兆円台の予算を投入する価値がある。

洋上風力発電ひとつとっても、海に囲まれた日本の特性を生かした、国家戦略上も重要なエネルギー政策となる。たとえば浮体式の洋上風力発電を普及させると、自動車に匹敵する巨大産業を育てることになる。

だいぶ横にそれてしまったが、ゾンビ企業の淘汰が進み、国も利権や既得権に構っていられなくなると、個々の企業の自助自立の力があらためて問われだす。そういった**自助自立の集合体が日本経済の活力となっていく。**

この30年間、日本経済の長期低迷とジリ貧が続いた。それも、政官民のゆ着やらゾンビ企業の跋扈やらが、日本経済に重くのしかかっていたからのこと。そこへ、ゼロ金利や大量の資金供給で企業経営全般を弛緩させてきたからだ。

これらの足カセが、すべて取っ払われるのだ。ずいぶんとスッキリした枠組みの中で、企業間の競争が激化していく。自由主義経済らしい活力が、日本経済に蘇ってくることだろう。

世界でもインフレの嵐が吹き荒れよう

インフレは、日本だけの話ではない。おそらく、世界中に広がっていくだろう。それも先進国中心にだ。

米国やＥＵでも、リーマンショック後11年にわたって市場空前ともいわれる資金供給を行ってきた。大量にバラ撒かれた資金が商業用不動産や株式のバブルを醸成してきたが、ようやくこの3月に入って崩れかかった。

そこへ新型コロナウイルスのパンデミック騒ぎで、一層スケールアップされた規模の資金が投入された。

１９２９年の大恐慌とその後の世界恐慌以来ともいわれる世界経済のマイナス成長に対処すべく、大量に投入された資金は実体経済の中に吸い込まれていく。そこまではいい。

ところが景気の回復にともなって、大量にバラ撒かれた資金は、徐々にお役ご免となっていく。経済の現場からあぶれだした余剰資金は、再び不動産や株式市場でバブルを醸成していく。

再燃バブルは、そう遠くない将来に総崩れとなろう。そして世界経済は大荒れするのは避けられまい。ただ、いつ頃からインフレにつながっていくのかは、わからない。

はっきりしているのは、大量に供給されたものは、お札つまり紙幣だろうとなんだろうと価値を下げる。それが経済の大原則である。したがって、再燃バブルが崩壊してすぐなのか、しばらくしてからなのかはわからないが、いずれは紙幣の減価つまりインフレとなっていく。

やっかいなのは、米国の中央銀行であるＦＲＢも、ヨーロッパ中央銀行も日銀同様、タガを外したような金融資産買い取りで、財務を異常に膨らませていることだ。それが再燃バブル崩壊で、保有資産が巨額の評価損を抱え込むとなれば、信用力は一気に低下する。

そうなってくるや、インフレの火はパッと燃え広がる。通貨を発行している中央銀行の信用力が低下するのだ。お金の価値が下がりだしたら、もう誰も止められない。

日本ほどひどくはないだろうが、米国やヨーロッパでも相当なインフレに襲われよう。

金利上昇の経験がない故の大混乱

日本、米国、ヨーロッパ諸国などでインフレの火が燃え広がると、金融マーケット中心に収拾のつかない大混乱は避けられそうにない。

経済の現場における物価の上昇には、個々の経済活動の中で、すこしずつ対応力が備わっていく。対応できない企業などは淘汰されていくだけである。

一方、**インフレによる金利上昇は、金融マーケットで対応しきれなくなる。**なにしろ、ずっとゼロ金利下で無制限に資金が供給されてきたのだ。どんどん流入してくる大量の資金を前にして、短資市場が壊滅状態にある。

その日の、あるいはオーバーナイトという翌日渡しの資金の融通で、銀行間の資金調整をしてきた大事な機能が不要となってしまったのだ。

瞬時の判断で銀行間の資金繰りを調整してきた短資会社の機能が衰えたところに、金利上昇局面を迎えるとなると、それこそ大変なことになる。

その日、あるいは翌日渡しの資金繰りがつかない銀行が続出し、そのリスクが信用収縮や一層の金利上昇を煽ることになる。

債券市場も金利上昇で修羅場に陥る。こちらも、ベテランの債券ディーラーたちやマーケットメーカーが、お役ご免で世界的にいなくなっている。

長いこと、債券相場は買い一方だった。債券価格は天井圏をはっていて、どの投資家もずっと買い持ちしていた。投資判断による売買がほとんどなくなったから、債券ディーラーの出番がなくなっていた。

そんな現場に、債券売りのラッシュが襲ってきたら、売り注文に対して誰もマーケットメイクの買いを入れられない。売りの一方通行で、債券価格は奈落の底へ落ちていく。

それに反比例して債券利回り、つまり市場金利はピンポン玉のように跳ね上がっていく。

すさまじい大混乱が金融市場を襲うことになろう。その時は、大量に発行されてきた債券や国債の重みが、ずっしりとのしかかってくる。まさに、修羅場だ。

第７章まとめ

・今回のインフレは、五月雨式にあちこちで燃え上がり、すこしずつ横へ広がっていく展開となろう。インフレは日本だけでなく、世界中に広がることになる。

・世界経済の現場からというよりも、各国の財政や中央銀行のあたりからインフレの火がつくのだろう。はっきりしているのは、お金の価値が下がるということだ。

・インフレの負け組は年金生活者であり預貯金者だ。年金受給額が目減りするなど、相当に厳しい現実となる。

・給与全般のインフレ調整には１年ほどかかり、その間のやりくりに四苦八苦することになる。ゾンビ企業の淘汰が否応なしに進み、一時的に大量の失業が発生するだろう。

第8章

実体経済の復権と、そこまでの生活防衛プラン

金融は万能と信じる愚

経済なんて、いってみれば人々の毎日の生活と、それを支える企業活動とが合わさって、時々刻々と出来上がっていくものにすぎない。

中世まではともかく、近世に入ってこのかた、人々はより豊かな生活を求めて止まなくなった。その欲望が、ごく自然体の経済成長につながっていった。

時として、歴史的なイノベーションが経済に大きなインパクトを与えた。たとえば、蒸気機関の発明が産業革命を推進させたり、ＩＴの普及で情報化社会が生まれたりで、成長率が加速することもあった。

それだけのことなんだが、そこに**成長率を高めようと人為が過剰に介在してくると、経済はが然ややこしくなる**。リーマンショック後の先進国の経済運営が、まさにそうだった。

どうやって景気を回復させ成長率を高めるかで、各国は際限なく金融緩和政策を打ちだした。

政策金利をゼロにまで引き下げ、大量に資金供給すれば景気は良くなる。物価も上がる。そう信じて疑わず、これでもかこれでもかと中央銀行の尻を叩いて金融緩和を深掘りさせてきた。

中央銀行は通貨の番人であって、景気対策の役割などを課すのは、そもそもからしておかしい。なのに、リフレ派と呼ばれる経済学者を中心にして、中央銀行に資金をバラ撒きさせ続けた。

しかし、いくら人為の成長策を講じても、景気の足取りは重いし、物価も上昇してこない。せいぜい、大量にバラ撒いた資金が商業用不動産や株式市場でバブル化したただけのこと。

それでも、金融は万能と信じるあまり、米国・ＥＵ・日本は金融政策のゴリ押しを続けてやまない。経済理論の枠を傾ければ、経済は成長させられるというわけだ。

不況の効用を忘れたのか

昔から、景気は良くなったり悪くなったりを繰り返している。景気が良い時は、人々の消費意欲も盛んで企業は積極的な拡大経営に走る。好況を享受している間に、景気は過熱しはじめ、やがては失速していく。

景気が悪化すると、企業の経営環境は厳しくなり淘汰も進む。競争力に劣る弱い企業が脱落していくことで、経済全体の体質が強化されていく。適者生存のスクリーニングを経た上でもって、次の景気回復期に臨むことになる。

この弱者削ぎ落としを不況の効用といって、自由主義経済を健全に発展させていく上では不可欠となる浄化作用である。逆に、優勝劣敗と適者生存の大原則をないがしろにすると、必ず弊害が生まれる。

その愚をやっているのが、1990年代からの日本であったし、リーマンショック後の米国やヨーロッパの先進国である。どちらも、バブルに踊り狂った挙げ句に、巨額の評価損や不良債権を抱えてしまった企業や金融機関を救済しようとした。

大きすぎて潰せない。経済はガタガタになり大量の失業が発生する。それは絶対に避けなければならない。そういった論理で、各国は全面的な企業救済という政策を採った。不況の効用とは真逆の方向だ。

経済の体質強化と健全化という観点からは、巨額の評価損や不良債権の処理など

は各企業や金融機関の自己責任とするだけのこと。

一方で、金融システムを守り、景気の落ち込みを防ぐ方向では、いくらでも公的資金を投入する。それが活きた経済活性化である。

この当たり前をやらずして、金融緩和政策に頼ってしまった。それが、バブル崩壊後30年にわたる日本経済の低迷とジリ貧であり、リーマンショック後の先進国経済のモタつきである。

たいした効果も生まれなかっただけではない。これでもかこれでもかの金融緩和で、金あまりバブルの種だけはたっぷりと撒いてきた。金あまりバブルも、いつかは崩壊する。

それが、またぞろ世界経済に悪影響と混乱をもたらすことになる。なんのことはない、不況の効用をないがしろにして、不況と経済停滞に転げ落ちていくのだ。

「金融の時代」の最終章

本書でずっと主張しているように、金融緩和政策の限界はみえてきた。金あまりバブルの崩壊から、金融マーケットの大混乱と企業倒産の続出、そして世界経済の大荒れと本格的なインフレ到来まで、おおよその工程表がはっきりしてきた。

その工程表はこんな感じだ。

金あまりのマグマは溜まる一途である。金あまりのマグマ？　そう、金融緩和政策の限界を象徴するものだ。ようやく今年の3月になってそのマグマが噴きだしそうになった瞬間、たまたまパンデミック騒ぎで、金融緩和の深掘りへと振り子は戻された。その結果、さらなるマグマ溜まりを巨大化させた。

パンデミック騒ぎが収まって、世界経済が平常の状態に戻ってきたあたりから、いよいよ溜まりに溜まったマグマが本格的に噴きだしてくるのだろう。今度は一気に加速しよう。

どんな感じか？　金あまりバブルは再燃するが、どんどん膨れ上がっていくようなバブルとはならない。強烈な買いで大きく膨らんでは、ドドッと売られて下がる乱高下を繰り返そう。

今回のパンデミック不況に対しては、各国政府による財政資金投入と、中央銀行の金融資産買い取りとで、途方もなく巨額の資金が経済の現場に放り込まれる。投入された資金は世界経済の再建に大活躍するが、それもしばらくの間だ。

経済が平常の状態に戻ってくるにつれ、大量に投入された資金は、経済の現場からは余剰マネーとなり、ホットマネーと化す。とんでもなく巨額の余剰マネーが暴れだすから、株式でもなんでも突出して高くなる。

それで、再燃バブルは強烈なものとなろう。とりわけ株式市場では、今年の２月頃の高値を狙いにいくような活況になるやもしれない。

しかし、ある程度上がると、すかさず売りが出てくる。金融緩和政策の限界を察知した売りだ。それで、マーケットは大きく下落する。この繰り返しで、マーケットはしばらく乱高下を続けよう。

そのうち、余剰マネーによるバブルの買いの勢いよりも、大きく崩れる前に売っておこうとする圧力の方が、徐々に上回りはじめる。その結果、上値が重くなり、下げの振れが大きくなる。

そこから先は、「もう、いつどこでバブル崩壊がはじまってもおかしくない」状態となる。なにかの加減で急落に転じるのか、ごく自然に崩れだすのかはわからない。ともあれ再燃バブルは崩れ落ちていく。それが、「金融の時代」の最終章となる。

一度、ガタガタになった方がいい

おそらく、今度こそ金融マーケットはガタガタになろう。それは、世界の金融緩和の限界を決定づけることになる。各国政府も中央銀行も、もう打つ手は残っていない。なにもできない中を、金融マーケットは崩れていく。

金あまりバブルの崩れが、巨額の評価損や不良債権を現実のものとさせ、企業や金融機関の経営を大きく揺さぶることになる。信用収縮の波が経済の現場にも襲いかかり、企業や銀行の経営破たんが続出しよう。

今度はパンデミック不況とは違って、純粋に経済の混乱である。なにしろ、もう国や中央銀行といえども打つ手はないのだから。

そうなのだ、国も中央銀行も手を打ち尽くした。ひたすらマネタリズムを信じて金融緩和政策を推し進めてきたが、その金融緩和の足元から崩れだしたのだ。もはや、なにもできない。

そうなると、企業や金融機関の自助努力に委ねるしかない。地力があって日銭を稼げる、つまり売り上げを伸ばせるところは、なんとか資金繰りをつけて乗り切っていくのだろう。

一方、評価損や不良債権の重みに耐えきれなくなった企業や銀行は、債務超過で自己破産の道をたどる。

経済的にも社会的にも、すさまじい混乱は覚悟しておこう。世界経済は修羅場のような大荒れとなろう。

あえていえば、日本のバブル崩壊後も、リーマンショック後の先進各国も、金融緩和政策に頼りすぎた。また、中央銀行の力を過信しすぎた。どちらも人為である。

人為でもって経済合理性を押さえつけようとしたが、結局のところ経済はガタガタになってしまった。

ようやく、需要と供給でもって経済が動く、自然の状態に戻ってくれるのだ。大歓迎である。

ガラガラポンの中から、健全な経済が顔をだしてくる

金融の時代が最終章を迎えるのと、インフレ到来とは、すこし時間の差が生じるのか、同時進行するのかは、その時になってみないとわからない。はっきりしているのは、どちらも起こるということだ。

先ほど、各国政府も中央銀行も、金融マーケットや経済の大混乱に、もはや打つ手はないと書いた。それこそが、金融緩和政策の限界である。そこへ、インフレ到来ともなれば、どこの国も中央銀行も、そちらの対応に追われっぱなしとなる。

インフレ対応といっても、実際はなにもできない。それどころか、国も中央銀行も火の車となっており、次から次へと崩れだしてくる穴を、どう埋め合わすかに追われまくる。

場合によっては、財政悪化で公共サービスの中断や停止も覚悟しなければならなくなるかもしれない。医療や警察機能の低下やゴミの収集がなくなるとか、社会は大混乱する。

そんな中でも、人々の生活は続く。それを支える企業活動も消えてなくなりはしない。そこからだ、経済再生の芽生えは。

インフレ到来で年金生活者や預貯金者は悲惨な目に遭うが、それでもなんとか生きていくしかない。つらいことだが、それが経済の原点である。

企業も信用収縮で、頼るは手元資金と、なんとか売り上げを立てて日銭を稼いでいくことで資金繰りをつけるしかない。自助自立だ。

とんでもないガラガラポン状態に陥ることになるのだろう。だが、人々の生活とそれを支える企業活動は、なにがあろうと続けられる。つまり、**実体経済は決して消えてなくならない。それを世の中は再認識する。**

そう、実体経済の復権だ。

実体経済が主であり、金融は従にすぎない

あえていうまでもないことだが、**いつの時代でも実体経済が主体であって、金融はその潤滑油にすぎない。**それなのに、いつの間にか金融が主役のような顔をして

世界経済をリードするようになった。

それをもって、金融の時代とかを喧伝してきた。だが、結局のところは金融バブルを醸成したにすぎない。金融すなわち数字を追いまわして、取引金額だけが天文学的に膨れ上がっただけのこと。

金融にまつわる人々はこの世の春を謳歌したかもしれないが、世の多くの人々がどれほど豊かになったかとなると大いに疑問である。それは、経済すなわち経世済民になんら寄与をしなかったことを意味する。

ようやく、実体経済の復権がみえてきた。大いに結構なことである。金融はその潤滑油として、しっかり働けばいいのだ。

実のところ、われわれ本格派の長期投資家は、金融の時代とかマネー至上主義とやらを苦々しくみつめてきた。やっと、まともな経済活動の中で長期投資家が大活躍できると、大歓迎しているところである。

世界経済の大荒れに、どう対処していくか

実体経済をベースとした世界経済が復権するとして、そこに至るまでの経済社会の大波乱を、どう乗り切っていこうか。読者の皆さんも興味しんしんだろう。

ここからは、そのあたりをひとつずつ洗いだしてみようか。いろいろな角度から、生活者としてどう対応していくかを考えてみよう。


《その１》国の借金は激増し、その負担を押しつけられる

先進各国をはじめとして世界の政府債務は２００８年9月のリーマンショック後、激増している（対ＧＤＰ比）。それは**図表10**をみれば一目瞭然だろう。

政府債務とは財政赤字の拡大による国の借金の増加を意味する。それは主として赤字国債の発行で賄うことになる。つまり、現在そして後世の国民に負担を押しつけるわけだ。

どんな負担を押しつけるのか？　もちろん、大幅増税とインフレに決まっている。日本の消費税は昨年秋に8％から10％に引き上げられた。それだけでも消費増税による経済への悪影響が憂慮された。なのに、10％がさらに引き上げられるのか？

その点、欧米各国では消費税つまり付加価値税は18％から22％の間となっており、

図表 10　世界の債務は激増している

・リーマンショック以降の世界の政府債務（対 GDP 比）は跳ね上がっている
・今回のパンデミック危機で、それがさらに増加しよう

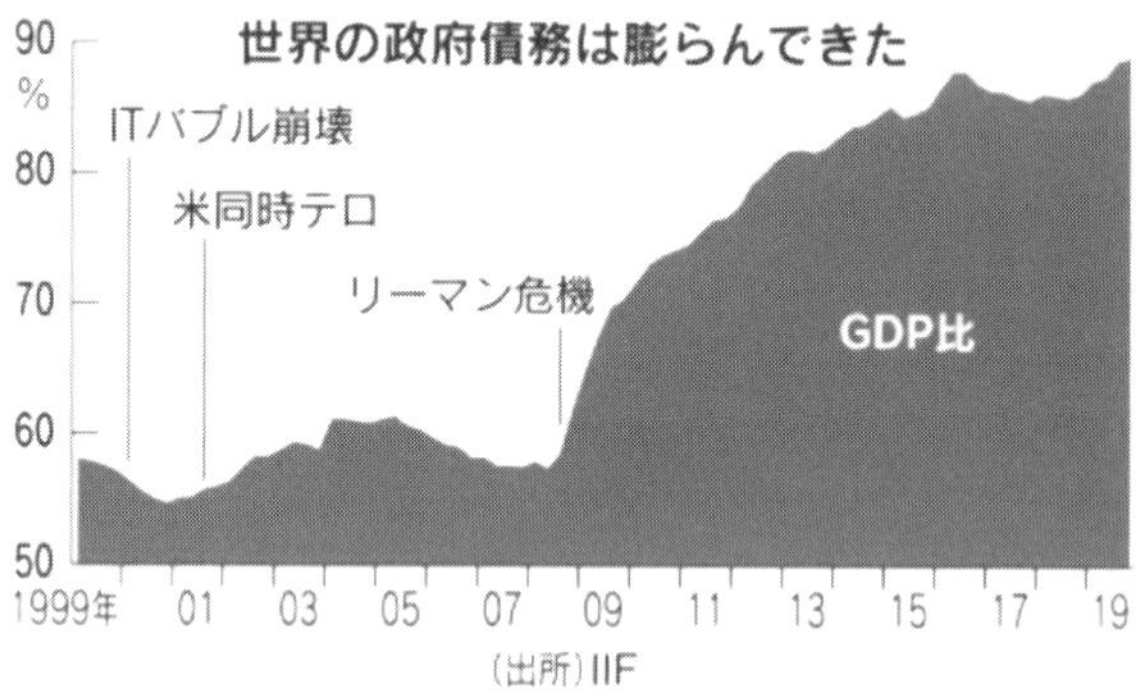

資料：日本経済新聞　2020 年 5 月 2 日

すでに高水準にある。さすがに、欧米各国では付加価値税の引き上げに日本ほど抵抗感はない。それでも一層の引き上げは経済の重しとなってくる。

一方、インフレによる国の借金減らしは、いつどのように現実のものとなってくるのか？　それは本書のメインテーマとして、すでに記述した通りである。

インフレ到来は、もう覚悟しておこう。講じるべき対策としては、いかにインフレの波を食らわず、むしろどう波に乗るかだ。お金の価値が下がり物価が上昇していく波を、どう乗り切っていくか、各自の努力と工夫が問われる。

もうひとつは、預貯金資産の目減り対策だ。それには、一刻も早く預貯金を本格的な長期投資の方にシフトさせることである。後悔先に立たずと心しよう。

《その２》投資といっても、やったことがない？

ほとんどの日本人は、投資運用とは縁がない生活を送ってきた。縁がないというよりも、投資を遠ざけてきた。リスクが怖いとかいって。

それでも、昨年夏の年金の２０００万円問題もあって「投資しなければ」という意識が、日本人の間にかなり高まってきている。現に、ネット証券などの新規口座開設は増えてきたと、ひんぱんに報道される。投信購入額も着実に増加している。

預貯金から投資運用への流れが高まることは、大変に結構なことである。ただし、きちんとした方向性をもった上での預貯金から投資へのシフトをしてもらいたい。

まして、ここから4年ないし5年の激動期を乗り切るのだ。**中途半端な投資は、ことごとく吹き飛ばされると考えておいた方がいい。**

まずは、株式投資だ。過去150年ほどの実績をみても、株式投資は財産づくりの王様と断言できる。ちなみに、投資収益の研究では第一人者である米ペンシルバニア大学ウォートン校のジェレミー・シーゲル教授は、こう結論づけている。

20年30年というスパンの長期運用をすると、株式投資はインフレを差っ引いたネットリターンで年6・7%ぐらいになっている、一方、債券投資はインフレにからきし弱く、ネットで年1・2%ぐらいとのこと。

財産づくりをする以上は、最低でも年3%前後のインフレを超えた投資収益をあげていかないと話にならない。その点、株式投資のネットリターン年6・7%は文句なしである。なお、年3%前後のインフレとは、過去120年間の平均である。

そういうことなので、長期の株式投資はどんどん積極化させたい。本格的な長期の株式投資に関しては、本書の第9章で詳しく書いておいた。

ひとつだけ、絶対に守ってもらいたい注意事項がある。


《その３》株式投資をやるにしても、相場を追いかけない

米国の株式投資のメッカであるウォール街で、昔からいわれている金言がある。それは、「Ｍr.マーケットとは友達になるな」という金言だ。

Ｍr.マーケットとは、日々の相場変動のことである。株式投資をはじめると、どうしても日々の株価が気になってしまう。それが、Ｍr.マーケットと仲良しになるということだ。

株式投資とは株価を買うものではない。企業の株主になるということである。つまり、追いかけるべきは日々の株価変動ではなく、企業の長期的な利益成長の可能性である。

その企業が長期的にみてかなりの利益成長を期待できるのであれば、日々の株価変動など無視して長期保有し続ければいい。したがって、Ｍr.マーケットと友達になる必要など、さらさらない。

ところがだ、投資の教科書をみると、どれも「いかにして、株価変動にうまく対処して投資収益をあげていくか」に、力点を置いている。つまり、Mr.マーケットと仲良くし、彼のごきげんを取りながら投資収益を得ていこうということだ。

運用のプロとかを自覚している機関投資家も、ほとんどが「いかに相場変動をとらえて、値ザヤを抜くか」をもって、投資運用としている。彼らからすると、「相場変動をどう読み、どう売買益を稼いでいくか」が勝負となる。

そういうのを、ディーリング運用という。最初に相場ありきで、そういった相場変動にどう飛び込んでいくかをもって運用としているわけだ。

古今東西、変転きわまりない相場動向つまりMr.マーケットに、どう対応して投資収益をあげていくかは、至難の技とされてきた。それに対して、人々は飽くことなく理論やらテクニックやらを開発してきた。それらを、ダラダラと並べたのが投資の教科書である。株式の専門家やら評論家も、そこで商売をしている。

はっきり言おう。そんなもの投資運用ではないと。

投資なんて、「安い時に買っておいて、高くなるのを待って売る」に尽きる。別に、難しい理論もテクニックも不要。**問われるのは、「どの企業の株式を安い時、つまり**

相場暴落時に買うか」だけである。

したがって、これから投資をはじめる人たちは、絶対に投資の勉強をしないこと。筆者のいう、長期の企業応援投資を、ちょっとずつで構わないからはじめてみることだ。慣れていくことで、本格派の長期投資家になっていこう。

《その４》債券投資はやってはいけない

財産づくりのアドバイザーであるＦＰ（ファイナンシャル・プランナーズ）の教科書には、安全な投資の代表として債券をあげている。まあ、これは5年ぐらい先のことになるが、実体経済が復権してきたら、ＦＰの教科書にある債券投資の安全性にも、それなりの評価をしよう。

しかし、そこまでの5年間は、債券など買ってはいけない。**国債だろうとなんだろうと、保有しているなら全部売ってしまおう。**

現時点での債券投資は安全どころか、とんでもない値下がり損を食らうのがオチである。利回りもゼロに近いし、なんの投資妙味もない。

世界の債券相場は、１９８３年からずっと上昇トレンドを追っている。最近では、マイナス利回りの国債なども登場してきた。それだけ債券相場は高値圏にある、あるいは天井にへばりついているわけだ。

そんなところへ、もうインフレがみえてきている。いずれ金利は上がる。つまり、債券価格は下落に転じる。それも、これだけ長期にわたって債券相場が上昇してきたのだ、想像を絶する下げ相場となろう。

したがって、ここから5年ほどは債券投資などには見向きもしないことだ。

《その5》金利を求めた投資商品もすべて捨てる

世界的な金融緩和で、ゼロ金利が定着してしまった。そのせいか、多くの投資家はすこしでも金利が得られるのならと、眼を血走らせている。

それで、低格付けのジャンク債などに、世界の機関投資家や金融機関が競って買い群がっている。最近は、堕天使債（Fallen Angels）などと呼ばれている債券投資もあるが、これもその一環である。

そんなところへ、米ＦＲＢがジャンク債も金融機関への資金供給の対象としたから、もう歯止めがかからなくなった。信用不安などで突然、投げ売りされるリスクがＦＲＢによって棚上げされたから、すこしでも金利が欲しい投資家からすると超がつくほど安心して買える。

読者の皆さんは、こんなところで金利を求めた投資商品などに手をだしてはいけない。いまのゼロ金利下では魅力的と思えても、それらのほとんどが再燃バブル崩壊とインフレ到来で吹っ飛んでしまうだろう。

《その６》世界のＲＥＩＴも敬遠しよう

同じ観点から、不動産投資信託（ＲＥＩＴ）も手をだしたくない投資商品のひとつである。

世界のＲＥＩＴは、そこそこの利回りとなるから、根強い人気となっている。しかし、本書でずっと指摘しているように、商業用不動産の活況は金あまりバブルの象徴である。行き場のない投機マネーが、株式市場や商業用不動産市場に流れ込んだからこそのバブル高を演じているわけだ。

そこへ、利回りが欲しい世界の機関投資家や金融機関が押し寄せてきた。それが故の、空前のＲＥＩＴブームである。

再燃バブルが崩れだしたら、もう目も当てられぬ修羅場となろう。したがって、今こんなところでREITに手を出すことはない。

それよりも、再燃バブルが崩壊しはじめて売り一色となった段階から、本当に価値のあるREITを厳選して、おもむろに買いはじめよう。

《その7》「インフレには金」となってはいるが

インフレともなれば、お金の価値が下がりモノの値段が上がる。なかでも、金投資はピカイチのインフレ対策となる。そう一般的にはいわれている。

それを否定する気はないが、かといって「金を買っておこう」とまでは言い切れない。もう、49年間も世界の投資運用の現場で仕事してきた経験からも、金投資の良さも限界もさんざんみてきた。その上での判断である。

たしかに、金はいざというときの守り神、Last Resortとしての価値は抜群である。どんな状況下でも、例えば「999・9」の刻印のある地金を差し出せば、いくばくかの現金を手にすることができる。この安心感は絶大である。

一方、ダイヤなどの宝石は売ろうとしても、その価値をどう見積もるか、時と人によって大違いとなる。カッティングとか色合いとかで価値判断が大きく割れてしまう。

その点、金は融かせばいいだけのこと。いつでも、1オンス何ドルとかで現金を手にできる。この換金性こそが、Last Resortとしての金の価値である。

一方、金相場というものは、その時々の需給に委ねられる。買いが多くなれば上がるし、売りが集中すれば暴落する。

また、投機マネーが金以外の方向へ流れ込めば、金相場はそのまま放ったらかしとなる。そう、**金というものは相場商品であって、長期の財産づくりには不向きなのだ。**

たしかに、株式投資も相場商品という面はある。しかし、株式投資には企業の利益成長という「投資価値の高まり」が期待できる。そこが、相場商品でしかない金と、財産づくりの王様である株式投資の違いである。

投資対象とする企業の将来可能性さえしっかり読み込めば、長期の株式投資には相場商品という域を超えた財産づくりが期待できるというものだ。

《その8》どんな投信を買っておくか

ここから5年ほどの激動期を乗り切っていく最適な器は、本格派の長期保有型の株式投信である。その観点からいうと、既存の6000本ほどある投信の大半は対象外となる。

投信の中でもあえて、本格派の長期保有型の株式投信と書いたのは、それだけの理由がある。

われわれ本格派の長期投資家であれば、ここから5年あるいは10年ぐらいの間に起こりうるリスクはすべて削ぎ落とす。その上で、これとこの投資は断固としてやっておこうと決める。

いまなら、債券・ジャンク債・利回りを求めた金融商品・REIT等は、すべて投資対象から外す。結果的に株式投資に絞り込むが、金利が上がって困るような業種や企業は、これまたすべて外す。

恐ろしく企業を厳選した株式投資のみだ、いまここでやっていいのは。

そういった企業であれば、再燃バブル崩壊・世界経済の大荒れ・インフレ・金利上昇といった荒波を乗り切っていけるはず。だから、大きく下げたところは思い切り買っていくことができる。

要するに、企業を選んで投資するアクティブ運用の株式投信で本格派というのを選んで買っておけば良い。残念ながら、既存の投信６０００本のほとんどが、このスクリーニングから脱落する。

さわかみファンドは大丈夫か？　大丈夫かどころか、本命だよ。これからの激動期を読み込んで、ずっと前から準備してきた。いよいよはじまる荒波を待ち構えたように、堂々と乗り切っていく。

なお、株式投信でインデックス系は、ここ5年ほど冴えない成績となろう。インデックスはしょせんインデックス、つまり玉石混交で企業を組み入れている。したがって株価が上がる企業も、潰れていく企業も一緒くたにした運用成績となるのは避けられない。5年もしてダメ企業の整理が進んでくれると、ようやくインデックスファンドも浮上する。そんなわけで、インデックス運用のうち潰れそうにないものなら保有していれば勝ち残り組となっていく。もちろん、さわかみファンドなどアクティブ運用の投信とは大きな成績差となるけどね。

第８章まとめ

・経済的にも社会的にも、すさまじい混乱は覚悟しておこう。世界経済は修羅場のような大混乱となろう。

・経済の体質強化と健全化という観点からは、巨額の評価損や不良債権の処理などは各企業や金融機関の自己責任とするだけのこと。

・人々の生活は続く。それを支える企業活動も消えてなくなりはしない。いつの時代でも実体経済が主体であって、金融はその潤滑油にすぎない。

・株式投資は財産づくりの王様だ。過去150年ほどの実績（ネットリターン）は年６・７％と文句なしである。これから長期の株式投資はどんどん積極化させたい。

第9章

切り札は、なぜ「長期投資」なのか？

実体経済から一歩も離れない強さ

金融の時代とかいって、金融が経済を振りまわしていた時代が、ようやく終わろうとしている。その間、われわれ本格派の長期投資家は、金融の浮わつきぶりを、ずっと苦々しく眺めていた。

世の中では、ひたすら運用成績などの数字を追いかけては、膨れ上がった数字をもって経済の拡大発展に貢献しているとされてきた。金融に携わる人々は、数字の増加が社会に富をもたらしているという幻想を得々として追いかけた。

まさに、幻想だった。それは、世界経済の遅々たる成長と、なかなか2%インフレを達成できない現状となって現れている。実質的には大した成果も上がっていないことが、いまや誰の眼にも明らかである。

その点、われわれ長期投資家は違う。**経済それも実体経済の拡大発展に寄与して、はじめて価値を認める。みせかけの数字ではなく、世の中が豊かになっているという実感がともなわなければ話にならない**、そう考える。

実体経済から一歩も離れず、その発展拡大に必要な資金をまわしていく。表面上の数字などを追いかけない。したがって、まわしてあげた資金、つまりわれわれの投資が２年３年と実体経済の現場に深く沈み込んでいっても、一向に構わない。

お金に経済の現場で、たっぷりと働いてもらう。作物が育つように、撒いた種が大きく実って戻ってくる。それが長期投資のリターンである。

このじっくりさと、実体経済への寄与ぶりが、金融の時代とかで浮利を追いかけていた人々との違いである。

リスクマネーの提供

長期投資では「生活者にとって大事な企業を応援する。それも実体経済に、どうお金をまわしていくか」しか考えない。

たとえば、株式市場が暴落したりして、皆が売り逃げに走る。そんな時には、生活者にとって大事な企業を応援しようと、叩き売られている株式を断固として買いに行く。

そこでの株式買いは、経済の現場への資金投入につながっていく。もっとも、われわれ長期投資家の買い資金は、その株式を売った人の手に移るだけのこと。それでも、暴落相場で買いに行くところが、肝である。

大急ぎで保有株を売って現金を手にしようとする人たちであふれかえっている暴落相場の中だ。この買いは、実にありがたい。そして、売った人は得た現金で次の行動に入っていける。これが、経済の現場にお金をまわすことにつながっていく。

そうなのだ、暴落相場などで売りが殺到する時には、**経済の現場からお金が引き揚げていこうとする。そんな時に、「どうぞ、このお金お使いください」と資金供給してやる**わけだ。

これを**リスクマネーの提供**という。皆が怖くて逃げたがるところで、あえて買いの資金を投入してやるのだ。この役割を果たすのは、長期投資家による株買いを置いて他にはない。経済活動にとっては、きわめて重要な役割を果たすことになる。

考えたらわかるが、株価が大暴落している時などでは、多くの投資家がリスク回避で保有株を売って、現金を手にしようとする。企業サイドも先行き警戒感を高めて、投資を手控える。

皆が現金化を急ぎ、資金を引き揚げようとする行動は経済の縮小均衡に直結する。そんな時に長期投資家は、情け容赦なく売り叩かれている企業の株式を応援買いしようと資金を投入する。

その行動は、経済の現場から資金が逃げていこうとするのとは、ちょうど逆である。放っておけば、経済が縮小均衡に向かってしまう。そんなところを、長期投資がブレーキをかけるのだ。

加えて、売って逃げたい投資家たちに現金を渡してやることで、彼らの恐怖心を柔らげてやれる。投資家心理全般の早急な改善にも大きく寄与する。

これなど、金融の時代とかで浮利を追いかけてきた連中には、とてもできない芸当であろう。彼らは目先の儲けしか考えないから、株式市場の暴落ともなれば瞬時に売り逃げに走る。いわゆる、リスクオフに切り換えるわけだ。

あるいは、カラ売りなどの手法で売り叩いては、暴落相場をさらに下げさせてひと儲けしようとする。経済の現場へのリスクマネーの提供どころか、悪魔のような売り叩きだ。

彼らからすると、マーケットは荒稼ぎの場であり、「経済がどうなろうと、知ったことではない」の一言である。

なにがあっても、企業を応援する

われわれ長期投資家は、**いつでもどんな時でも生活者からみて絶対になくなっては困る企業を、トコトン応援しようとする。間違えても、儲かりそうな株を買うのではない。**

多くの投資家は機関投資家を含め、マーケットでの株価変動を追いかけては、儲かりそうな株を買おうとする。儲かりそうな株なら、どんな企業でも構わない。どんな商売をしていようと、どれほど社会に歓迎されざる企業だろうと、彼らは平気で買う。

われわれ長期投資家は、まったく違う。応援したい企業を厳しく選びだす。儲かりそうだではない。**世の中や社会にとって、大事な会社かどうか、生活者としてずっと応援したいかどうかの視点を、絶対に崩さない。**

応援するという以上は、応援のしがいがある時ほど、応援の価値が高まる。その最高の局面は、株式市場の暴落時である。大多数の投資家が売り逃げに走る中、長期投資家は「ここぞ、われわれの出番」とばかり応援買いを入れる。

企業にとっては、どんな理由か知らないが、株式市場の暴落で自社株も叩き売られている。本業はいつも通り頑張っている。なのに、株価だけが下がっていく。

そんな時に、長期投資家の応援買いがどんどん入ってきて、自社株がいち早く底を打って上昇に転じてくれたら、どれほど心強いことか。本業をもっと頑張ろうとなる。

経営者にとって、株価は通信簿みたいなものである。たとえ株式市場全般が暴落していようと、自社株の下落は嬉しくない現実である。そんなところへ長期投資家の応援買いが入ってくると、経営が評価されていると大いに勇気づけられる。

儲けようとしない、儲かってしまう

多くの投資家は日々の株価変動を追いかけては、「儲けよう、儲けよう」で躍起となっている。その点、われわれ長期投資家は「やることをやっておけば、儲かってしまう」と、いたってのんびりしたもの。

企業を応援するという考え方を、ひとつはさみ込んでやるだけで、これだけの違いとなる。そこのところを、一般の投資家はなかなか理解しない。

投資なんて、いってみれば「安く買っておいて、高くなってから売る」だけのこと。それ以外、なにもない。

ところが多くの投資家は、この「安く買っておいて」がなかなかできない。株式市場で日々の株価変動を追いかけていると、いつが安いのか、どこが安いのか、いつも判断に迷う。だから、「安く買っておいて」は至難の業となる。

マーケットで日々の相場をどんなに注視していても、「ここが買い場」と言い切れるものではない。「そろそろ買おうか」と思っても、「明日はもっと下がるかもしれない」と、ちゅうちょしてしまう。

そんな彼らに、「われわれ長期投資家のように、暴落相場を買いなよ」といってやっても、絶対についてこれない。彼らは「儲けよう、儲けたい」で必死である。とてもではないが、暴落相場で買うなんて気は起こらない。

むしろ、「こんなところで買いに行ったら、損させられるだけだ」とすくんでしまう。儲けたい儲けたいの投資家からすると、暴落相場では逃げることしか考えられない。

その点、われわれ長期投資家は「生活者にとって大事な企業を、トコトン応援しよう」という強い意志で、マーケットに参加する。

応援するという以上は、皆が売り逃げに走る暴落相場ほど応援のしがいがある。逆に、皆が一斉に買っている時に、応援なんていうのはなんともカッコ悪い。

そう、**応援という意識があるからこそ、暴落相場を買いに行けるのだ。**「ここは、なにがなんでも応援しなくては」で、皆が売り逃げに走る中を、平然と買えるわけだ。

暴落相場で買っておけば、株価がすこし戻るだけで、もう十分に儲けとなる。これが、「儲かってしまう」である。

不安というものがない

長期投資をやっていて、つくづく思うのは怖いとか不安といった要素がまったくないことだ。

暴落相場を買いに行く時も、普段となんら変わることはない。せいぜい、「えらく売られているな。じゃあ応援買いしなくては」ぐらいの感覚である。

先ほど、リスクマネーの提供と書いたが、世間ではそう表現されるだけのこと。長期投資をしているこちらにしてみれば、リスクなんて露ほども感じていない。むしろ、「また儲かってしまうわい」と、ニヤニヤしているのが本音である。

また儲かってしまう？　株価が暴落していて先行きの見通しがまるで立たない時でも、また儲かってしまうと思えるのか？

当然のことよ。なにしろ、こちらは暴落相場の安値を買っているのだ。高くなるのを待って、そこで売れば儲かるに決まっている。

そういうのは簡単だが、本当にそんなに落ちついていられるのか？　もちろんだとも、いくらでも落ちついていられる。それが、本格派の長期投資というものだ。

その根拠は？　そう、長期投資家が「拠って立つところ」が、そもそもの肝なのだ。長期投資の拠って立つところとは、人々の毎日の生活とそれを支える企業のビジネス活動である。

現在、地球上に77億人を超す人々が住んでいる。そして、２０５０年の97億人に向けて毎日20万人ぐらいずつ増加している（国連人口推計、中位値）。

これだけ多くの人々が日々の生活を送っている。その生活は、なにがあってもなくならない。そして、人々の生活を支えるため、企業はビジネス活動を展開しているが、一時として止まることは許されない。

そう、**地球上77億人余の人々の毎日の生活と、それを支える企業活動は、どんなことがあっても続いていくのだ。その中で、生活者からみて絶対になくなっては困ると思える企業を選んで応援しようとするのが長期投資である。**

つまり、長期投資がベースとするところは現在も、５年先も10年先もずっと続いていくのだ。これは、絶対的な安心感である。

それに比べて、マーケットの価格変動なんて、小さなものである。大きな景気変動だって、天変地異だって、一時のことである。**世の中が大騒ぎしている間も、人々の生活は続くし、企業のビジネス活動も途切れることはない。**

これが長期投資家の拠って立つところだ。なにが起ころうと、ずっと続いていく、安心きわまりない地盤である。

その上でだ、なんらかの加減で株式市場が暴落したり、皆が売り逃げに走る時を「待ってました」と買いに行く。これはと思う企業の応援買いに入るわけだが、すごい安値を買いに行っている。

投資なんて、繰り返すが「安く買っておいて、高くなるのを待って売る」だけのこと。その第一歩が、暴落相場での買い仕込みであって、それさえしっかりやっておけば、儲かるに決まっている。

どうだろう、ここまで書いてくれば、「われわれ長期投資家は、なんの恐ろしさも不安も感じない」というのを理解できよう。もちろん、「安く買って高く売る」を繰り返しているから、5年10年と時間がたつにつれ、他の投資家がとうてい追いつかない成績となっていく。

時間軸だけは長めに

長期投資でひとつだけ腹に落とし込んでおきたいのは、**「時間軸は長めに」**ということだ。年金運用などが求める「毎年の成績がどうだった、こうだった」といった話は、まったくお呼びでない。

そもそもからして、「安く買っておいて、高くなるのを待つ」ということだが、**「いつ高くなるのか」なんてのは、神のみぞ知るの世界。**だから、高くなるまでのんびりと待つわけだ。**時には、3年でも5年でも腰をすえて待つ必要がある。**

ここでも、先ほど書いた長期投資の拠って立つところが重要な意味をもってくる。人々の毎日の生活をベースとし、なにがあってもなくなりっこない企業の株式を、皆が売り逃げに走る安いところで買っているのだ。

将来どこかで、ここまで売り逃げに走っていた人たちが慌てて買いに来れば、株価は上がるに決まっている。ただ、彼らがいつ買いにくるかは予測もつかない。だから、3年でも5年でものんびりと待つわけだ。

ここで、面白いことを書こうか。5年かかって、ようやく高くなってきたので、売った。株価は2倍になってくれて、やれやれと思った（？）けど、年率にすると14・4％の成績である。

毎年の成績をガツガツ追いかけている年金など機関投資家には、ちょっと手の届かない数字となってしまう。

そうなのよ、われわれ本格派の長期投資家は、時間軸はのんびりゆったりとしたものにする。決して目先の成績を追いかけてガツガツしない。それでも、時間がたてばたつほど驚くほどの成績を残せてしまえるのだ。

ともあれ、長期投資では「やることをやっておいて、のんびり待つ」が鉄則である。

長期投資にリズムは命

よく長期投資というと、株式を買って長期に保有するものと考える人が多い。それを、Buy and Hold 投資という。

これは株式投資の教科書にもあるように、基本中の基本である。企業がすこしずつでも利益成長し投資価値を高めていってくれるなら、ずっと長期保有しておけば大きな投資リターンを得られる。それは、その通り。

あの投資の神様ともいわれるウォーレン・バフェット氏も、何かにつけて永久保有銘柄という表現をしているように、**株式投資は長期で構えるのが鉄則である。**

それはそうなんだが、ずっと長期保有を続けて資産が大きくなったと喜んでいるだけでは、ペーパープロフィット（帳簿上の利益）にすぎない。実際の財産づくりにおいては、どこか高くなったところで売って、利益確定をしていく必要がある。

もちろん、20年30年という超長期の運用をする機関投資家のポートフォリオでは、Buy and Hold投資で構わない。組み入れ銘柄が株価上昇で資産価値を高めてくれれば、ポートフォリオ全体の資産も増加していて文句なしの運用となる。

バフェットさんのバークシャー・ハザウェイ社も、長期保有による資産増加を運用成果と誇っている。

その点、個人の資産づくりでは時によって現金を引き出すこともあり、ペーパープロフィットを増やすだけでは片手落ちとなる。やはり、ある程度の現金化を常に念頭に置いた運用が求められる。

そんなわけで、筆者は長期の企業応援投資をずっと勧めている。長期投資のスタンスは変わらないが、Buy and Holdにこだわることなく、**株価が大きく噴いてきたら、すこしずつ売り上がっていって構わない。**

そのほうが、むしろより本格的な企業応援投資となる。すなわち、暴落相場などで株価が大きく売られているときは、その企業を応援しようと断固たる買いに入る。

こちらは本物の応援団だ。「皆が売るなら売れ、こちらは徹底的に買ってやるわい」といいながら。結果的には、すごい安値で買い仕込める。

そのうち、**経済情勢や投資環境が好転してきて、株価が大きく買われだしたら、薄く薄く売り上がって利益確定していく。**その心はといえば、あの暴落時に情け容赦なく売り叩いていた連中が、目の色を変えて買い群がってきた。では、**企業の応援は、あのにわか応援団にしばらく託そうか**だ。

どうせ連中はにわか応援団で、何かあればすぐ真っ青になって売ってくる。その時は、われわれ真打ちの応援団の出番で、連中の売りを全部引き受けてやろう。

こんな感じで、企業の応援投資をしていけば、ごくごく自然に「安く買っておいて、高くなるのを待って売る」ができてしまう。また、**このリズムこそ長期投資の命**ともいえる。

いつも買う時は、「なんでこの会社を、こうもひどく売り叩くのよ。よし、こちらは徹底的に応援するぞ」で買い注文を入れる。その時は、「3年でも5年でも、株価が上がってくるまで持ち続けてやるぞ」と、長期投資そのもの。

安いところで応援買いを入れたら、後は株価が大きく上昇してくるのを、のんびりと待つ。数カ月後とか、半年後あるいは2年後どこでもいいが、株価が噴いてきたら利益確定の売りに入る。これも、リズムである。

長期投資、３つのステップ

長期投資の第一歩は、ここまで書いてきた通りだ。**生活者として応援したい企業の株式を、暴落相場など大きな株価下落時に買っておく。**そのうち株価が戻ってきたところで売却すれば、それなりの投資収益が得られる。

株式市場なんて、年に3～4回は暴落するから、そこでしっかり買っておけばいいだけのこと。買いのタイミングなどを、あれこれ勉強する必要もない。

そんなことよりも大事なのは、どの企業を応援するかだ。**生活者からみて絶対になくなっては困る企業を、いくつか厳選しておく。そして、その企業の経営がずっと生活者の味方かどうかだけは、継続的にチェックする。**

それだけだ、長期投資の第1ステップとしてやることは。後は、暴落相場の安いところで買い出動するだけのこと。

そろそろ、第2ステップに入っていこう。長期投資家は生活者にとって大事と思える企業を厳選して応援しようとする。これだけで十分なのだが、次のステップも一応みておこう。

将来の納得に対し、いまの不納得で行動する

そう、将来の納得に対し、いまの不納得で行動するというのは、本格的な長期投資の神髄でもある。「なんのこと、ちんぷんかんぷん」と思われるかもしれない。こういうことだ。

いくら生活者にとって大事な企業といっても、長いこと伸び悩んでいる企業では、ちょっとさみしい。企業努力でもって、すこしずつでも事業が伸びていっている企業の方が、より応援したくなる。

伸びるというと、一般的には利益成長のことを指す。われわれ長期投資家はそうではなく、社会にどれだけ富を生んでくれているか、つまり付加価値をどんどん高

めていってくれる企業を応援しようとする。付加価値については、次の項で詳しく説明しよう。

すこしずつでも構わないから、より多くの富を社会にもたらしていこうとしているか。これが、その企業に期待する**「将来の納得」**である。つまり、本当の意味での投資価値だ。

そういった企業の方が、より熱く応援したくなる。したがって、**長期投資での企業リサーチでは「将来に向けて、どれだけ付加価値を高めるだろうか」に、ものすごいエネルギーを集中させる。**

そのためには、アナリストに10年先の予想財務諸表を作成するくらいの力量を持ってもらう必要がある。

それで、「いまの不納得で行動する」とは？

われわれは、「こんな感じで、この会社は投資価値を高めていってくれるだろう」という読みはできた。次にやるべきは、そういった将来の投資価値を世の中やマーケットが気づかずに、やたらと売り叩く時を待つのだ。

株価暴落時などで、われわれ長期投資家はそういった企業の株式を敢然と買いに入る。ところが、世の中やマーケットでは、その企業の将来に向けての投資価値の高まりなど、まるで読んでいない。

それが故に、「なんで、こんな時に買うのだ」「こんな企業よりも、ずっと株価上昇を期待できる銘柄が一杯あるのに」と、ケチョンケチョンに非難してくれる。

そのような批判や非難などお構いなしで、長期投資家は買いに入っていく。これが、いま現在の不納得で行動することになる。

つまり、われわれ長期投資家は将来の投資価値の高まりを読み込んでいる。だから、暴落相場は絶好のバーゲンハンティングとなる。

一方、多くの人たちにとっては「ばかじゃないの、こんなところで買うなんて。それも、将来可能性のない株を買うなんて」となる。

この違いが、大きな投資収益となってくれるわけだ。**「こんなところで買うなんて」と、誰も納得できない、むしろ売ろうとする。そういった時なら、株価は安いに決まっている。**

そこを、われわれ長期投資家は「ありがとう」といって拾っていく。これが、「将来の納得に対して、いまの不納得で行動する」ということだ。

付加価値を分析する

長期投資の第3ステップは、**応援企業を選びだすにあたって、徹底的な付加価値分析をする。**先ほども書いたように、その企業が社会にどれだけの価値、つまり富を生みだしているかが本当の投資価値である。

一般的な株式投資では、企業の利益成長を銘柄選別の基準とする。企業が利益を増加させることは、それだけ株主価値を高めることになる。つまり、株価も上がるだろうという算段だ。

われわれ長期投資家からすると、**利益成長は付加価値の一部でしかない。**利益成長ばかりいっていると、本当の投資価値を見誤りかねない。とうてい本格的な長期投資にはならない。そう言い切って、はばからない。

付加価値とは、企業が社会にどれだけの富を生みだしているかをいう。たとえば、人を雇って給料を払う。これも、その企業による富の創出である。

雇われた人は、もらった給料で生活していける。家族も食わせられる。教育費も払える。また、その人の生活消費が新たな生産と供給を生みだす。いろいろな形で、経済の拡大発展に貢献するわけだ。

あるいは、その企業が事業拡大を目指して工場建設など設備投資したりする。そこで発生する設備などの購入費は、その企業にとっては減価償却費として費用計上される。一方、設備などの発注を受けた外部の企業にとっては、ビジネス拡大となり従業員への給料などを支払える。

研究開発に投入した資金は、内部費用として研究者を雇ったり、外部費用として研究機器や材料の購入その他の支払いに当てられる。これも、その企業なかりせば存在しなかった支払いである。つまり、外部の人からみれば収入となるから、やはり富の創出である。

その企業がオフィスや倉庫などを借りることで支払う賃貸料も、貸し主の大家にとっては収入となる。その収入でもって、建設費や借り入れ金の返済などに当てられる。

支払い利子も、その企業が設備増強などで借り入れを起こしたからこそ発生する費用である。銀行にとっては収入となり、行員の給料などいろいろな経費の支払いに向けられる。

税金も、その企業が存在しているから発生するもので、国家や地方自治体の財政運営に大きく貢献する。

以上、**給与・減価償却費・研究開発費・賃貸料・支払い利子・租税公課は、その企業が生みだした付加価値のうちの費用項目**とされるものである。そして、**いろいろ支払った残りが利益**とされるわけだ。

企業に問われるのは、どれだけ多くの富を生みだすかである。それを付加価値の増加という。

大事なのは、付加価値の総額をどんどん増やしていっているかということである。利益の伸びは、二の次でしかない。ここのところを、長期投資家は絶対にないがしろにしない。

その企業が、どういった付加価値を、どれだけ高めてくれるのか。この観点こそが、長期投資家にとっての応援価値なのだ。

株主至上主義は最低

米国などでは株主の利益をすべてに優先させるとする考え方が流行っている。これなんぞは、長期投資家が付加価値を大事にするのとは真逆の価値観である。

企業は株主のものだから、株主の利益を最大限に追求して、一体なにが悪い。**企業はとにもかくにも利益を最大化させ、株価を上げるべし。経営者はその一点のみのために雇われている。**これが**株主至上主義**である。

利益を増やそうとすれば、従業員を切るのが一番手っ取り早い。また、儲かっていない工場や事業部門を売却するのも効果的である。

そんな荒療治をプロ経営者とやらにやらせた日には、企業はズタズタにされてしまう。人々の生活も社会もボロボロになっていき、結果的には経済の縮小均衡を招く。

経済や社会がどうなろうと知ったことではない。「株主の利益さえ確保すれば、後は野となれ山となれ」の輩が跋扈しているのが、昨今の米国である。彼らの魔の手は、企業を食い潰すところにまで及んでいる。

イーストマンコダック社の倒産が好例である。いずれ写真フィルムの時代は終わって、デジタルカメラの時代になる。そう予測し、当時の経営陣は新しい事業分野への進出を目論んで膨大な研究開発費を投入していた。

ところが、株主たちは「10年先の、それも成功するかどうか当てにならない新事業に向けて、巨額資金を投入するのはおかしい。そんな不確かな出費を重ねるよりも、その現金を配当や自社株買いにまわせ」と経営陣に迫った。

株主の要求には逆らえない。コダック社は、せっかく進めていた新事業への研究開発をストップさせた。

その結果、世界の写真フィルム市場の70％近くを押さえていた超優良企業が、デジタル化に乗り遅れたということで消滅した。世界各国で働いていた膨大な数の社員とその家族は路頭に迷うことになった。

コダック社のような会社を食い潰された例は、いくらでもある。なんともひどい株主の横暴だが、その背後には年金や金融機関の機関投資家マネーが控えているのだ。おかしな話だと思わないか。

たしかに、アクティビストとか投資ファンドといった「もの言う株主」たちが前面に出て暴れてはいる。しかし、連中の保有株数など知れている。

年金などの巨額資金は毎年の運用成績を追いかける一環として、彼らに同調する。それで、株主至上主義の横暴がまかり通っているわけだ。

長期投資がどう対抗していくか

最近、ＳＤＧｓ《エス・ディー・ジーズ》という言葉をよく聞くようになった。まさに、株主至上主義の横暴に対し、よりおだやかな企業社会をつくっていこうということだ。

ＳＤＧｓとは、Sustainable Development Goals の略である。すなわち、「持続性のある経済発展を目指していくためには、なにとなにができるか」をいろいろ考えて実行に移していこうという意味である。

これなんぞ、われわれ長期投資家が主張している「生活者とそれを支える企業とが一緒になって、良い社会をつくっていこうよ」と、まったく同じ方向である。

というか、「なにをいまさら、そんなことというのよ。当たり前じゃないの」といった感覚である。

いってみれば、これまで年金など機関投資家が毎年の成績を追いかけるあまり、企業に短期の利益最大化の経営を迫ってきたことの反省である。

短視野経営？　そう、企業に1年ごとどころか四半期決算でもって、きちっきちっと利益を上げていけと迫る。3年の中期経営計画に対しても、ひんぱんに進捗状況をチェックしようとする。また、外部株主などを巻き込んだりして、ひたすら数値目標にこだわった経営を求める。

これでは、とてもではないが企業は長期視野に立った研究開発や設備拡大投資に踏み切れない。敢然とリスクを取るようなダイナミックな経営など、とうていおぼつかない。

やっかいなのは、年金などを運用する機関投資家がＳＤＧｓを唱えるものの、実際の運用現場はインデックス先物の売買が主体となっていること。投資対象は日経平均株価やＴＯＰＩＸ（東証1部株価指数）といったインデックスである。個別株に投資するわけではない。

コンピュータによる機械運用が米国では85％、日本でも80％前後といわれている。

たしかに運用コストは下がるものの、個別企業の動向など無視の機械運用で一体どうやってＳＤＧｓを唱えられるのだろう。

そういった現実であるが故に、個別企業のリサーチ能力は機関投資家全般に、すごく落ちてきている。それどころか、企業リサーチ部門をなくしてしまったところも多い。そんな状態で、果してどこまで個々の企業の経営をみられるのだろう？

年金運用が１９７０年代前半までは常識であった、10年20年という長期投資に戻るのならいいが、それもちょっと現実的でない。さぁ、どうしていけばいいのか。

生活者投資家の登場

筆者がずっと提唱しているのが、生活者投資家の登場である。これまで預貯金オンリーでやってきた人たちに、すこしずつ長期投資の世界に入ってきてもらうのだ。というか、どうせ年金も当てにできないのだから、もう否応なしに投資せざるを得ない。それもあって、預貯金マネーの一部は必ず長期投資に向かう。

そういった生活者投資家という層がぶ厚くなってくると、長期投資は社会に大きなインパクトを与えることになろう。年金などの短期指向やディーリング運用に対するカウンターとして、長期投資の価値観を世に提示できるのだ。

企業を食いものとして骨の髄まで利益を吸い尽くし、後は野となれ山となれの株主至上主義など、一刻も早く消え去ってもらいたい。そうしないと、経済も社会もガタガタになってしまう。

さすがに、「このままではマズイ」となって、ＳＤＧｓといった標語も出てきた。とはいえ、現実はそういった標語からほど遠い。

年金などの巨大なマネーは、相変らず毎年の成績を追いかけて止まない。年金を含め、社会の仕組みが短期の数字を追いかけるようになってしまっている。

そういった社会の仕組みに対しては、生活者投資家が登場してくることによって、大きなカウンター勢力となっていくしかない。

生活者ひとり一人の資金量は小さいが、一般生活者の数は圧倒的に多いし、持てる資金も集めれば膨大である。いくらでも巨大な勢力となれる。

われわれの長期投資が切り札となって、より良い世の中をつくっていこう。

第９章まとめ

・長期投資家は、いつでもどんな時でも生活者からみて絶対になくなっては困る企業を、トコトン応援しようとする。間違えても、儲かりそうな株を買うのではない。

・「こんなところで買うなんて」と、誰も納得できない、むしろ売ろうとする。そういう暴落相場で買っておけば、株価がすこし戻るだけで、もう十分に儲けとなる。

・大事なのは、付加価値の総額をどんどん増やしていっているかということ。利益の伸びは、二の次でしかない。

・地球上77億人余の人々の毎日の生活と、それを支える企業活動は、世の中が大騒ぎしている間も途切れることはない。

おわりに

本書を執筆している間にも、事態はどんどん思っていた方向へ進んでいっている。それで、ますます気合いが入り、一気に書き上げた。

思っていた方向？　そう、感染抑止→経済活動空白化→マイナス成長→経済テコ入れで大量の資金投入→景気回復→再燃バブル→バブル崩壊→巨額の評価損、債務超過、不良債権問題→企業倒産多発と信用収縮→各国政府は財政悪化で身動きとれず、中央銀行は財務肥大化で信用力低下→インフレと金利上昇→世界経済は大荒れに→マネー至上主義が崩れ落ちる→実体経済をベースとした、まともな企業がどんどん浮上してくる→健全な経済の復活。そういった展開だ。

2008年9月のリーマンショックで金融バブルは吹っ飛んだ。それを、米国・EU・日本など先進各国と中国は空前ともいわれる金融緩和と大量の資金供給で、なんとか乗り切った。

とはいえ、金融恐慌や世界経済失速への流れを食い止めただけで、世界的な金融バブル崩壊の後始末は終わっていない。その横で、大量にバラ撒かれたマネーが株式や商業用不動産市場でバブル化していった。

ようやく、今年の3月に金あまりバブルは崩れに入った。これで金融バブルの後始末が進み、世界経済は健全な姿に戻ってくれると期待した。

そこへ、新型コロナウイルス問題が発生。人々の移動制限や都市封鎖（ロックダウン）で、世界の経済活動は空白状態になってしまった。そこで、世界は金融緩和政策の深掘りと前代未聞の大量資金供給で、またぞろバブル再燃の方向へ舵を切った。

これらのどれもが、貨幣つまり資金さえ大量に供給すれば経済は成長すると唱える、マネタリズム政策の上塗りである。

それは、お金をこれでもかこれでもかと追いかけるマネー至上主義の価値観である。「人々の生活が、どれだけ豊かになっていくか」ではなく、「どれだけ、お金が増えるか」をひたすら追い求めているだけのこと。

そんな、一部の人たちに富が集中していくだけのケバケバしいマネー至上主義など、一刻も早く吹き飛んで欲しい。人々の生活をベースとした、もっと落ちついた経済社会に住みたい。そう誰もが願うはずだ。

ようやく、そういった方向へ世界経済は動きだした。それが、冒頭に書いた「思っていた方向」である。

これから起きるであろう一連の流れで、世界経済は大荒れするだろうし、インフレの嵐も吹き荒れよう。それは、金融の時代とかの最終章を告げるものとなる。同時に、世界経済が健全な路線に回帰していくためには避けて通れない道である。

その間、われわれ長期投資家は荒波の中を淡々と企業応援投資を続けていこう。大荒れの世界経済が、行きつく先こそ、本格派の長期投資が拠って立つところである。なにも恐れることはない。むしろ、大いなるチャンスである。大荒れの世界経済とインフレ、いいじゃないか。堂々と乗り切っていこう。

2020年4月

澤上 篤人

■著者略歴

澤上　篤人（さわかみ　あつと）

さわかみホールディングス代表取締役、さわかみ投信会長。1971年から74年までスイス・キャピタル・インターナショナルにてアナリスト兼ファンドアドバイザー。その後79年から96年までピクテ・ジャパン代表を務める。96年にさわかみ投資顧問（現さわかみ投信）を設立。販売会社を介さない直販にこだわり、長期投資の志を共にできる顧客を対象に、長期保有型の本格派投信「さわかみファンド」を99年から運営している。同社の投信はこの1本のみで、純資産は約2600億円、顧客数は11万5000人を超え、日本における長期投資のパイオニアとして熱い支持を集めている。

本書の内容に関するお問い合わせは弊社HPからお願いいたします。

世界経済《せかいけいざい》はもっと荒《あ》れるぞ、そして超《ちょう》インフレだ

2020年　5月　30日　初版発行
2020年　6月　27日　第11刷発行

著　者　澤《さわ》上《かみ》篤《あつ》人《と》
発行者　石　野　栄　一

明日香出版社

〒112-0005 東京都文京区水道2-11-5
電話 (03) 5395-7650（代 表）
(03) 5395-7654（FAX）
郵便振替 00150-6-183481
http://www.asuka-g.co.jp

■スタッフ■　編集　小林勝／久松圭祐／藤田知子／田中裕也
営業　渡辺久夫／奥本達哉／横尾一樹／関山美保子／藤本さやか
財務　早川朋子

印刷　株式会社文昇堂
製本　根本製本株式会社
ISBN 978-4-7569-2100-0 C0033

編集担当　田中裕也